Ansiedad Social

Cómo Controlar sus Pensamientos Negativos, Superar las Preocupaciones, Desarrollar Habilidades Sociales y Eliminar la Timidez para Poder Tener Conversaciones Casuales con Facilidad

Tabla de Contenido

Introducción

Los tiempos en los que vivimos no tienen precedentes en muchos sentidos y, sin embargo, en el fondo, apenas hemos cambiado durante miles de años. Lo que esto significa es que nuestro estilo de vida, tecnología y muchas otras cosas que dan forma a nuestros días, de alguna manera, nos han superado. Sin duda, la vida moderna ofrece muchas comodidades y ventajas; sin embargo, a menudo nos encontramos naturalmente sin la preparación necesaria para hacer frente a algunos de los desafíos que estas nuevas formas de vida han traído consigo.

Algunos de los problemas que solían ser un fenómeno inusual, y que solo molestaban a personas particularmente desafortunadas, ahora se están volviendo más comunes. Estos problemas incluyen numerosas formas de trastornos de la personalidad y otros problemas de salud mental, uno de los cuales es la ansiedad social. Es una triste y extraña ironía que la ansiedad social sea un problema cada vez más común en una época en la que nuestros medios de comunicación son más avanzados y accesibles que nunca, *y cuando el mundo está interconectado como nunca antes.*

De hecho, muchas personas de todos los ámbitos de la vida parecen tener dificultades con la interacción social hoy en día, por lo que está lejos de estar solo. La interacción social es uno de los aspectos críticos de la experiencia humana, por lo que la ansiedad social no solo puede privarlo de momentos agradables sino que también puede hacer que su vida profesional sufra de manera significativa. Es posible que las personas que no tienen tales problemas ni siquiera se percaten, pero la interacción social impregna la vida humana normal como pocas otras cosas. Hacer incluso las tareas más sencillas puede implicar interacción, y cuando eso se vuelve difícil, la vida realmente puede dar un giro decadente.

Dado que somos criaturas sociales por naturaleza, las habilidades sociales también son uno de los predictores más importantes del éxito. No es ningún secreto que quienes son expertos en situaciones sociales tienden a salir adelante en diversas áreas de la vida, especialmente cuando se trata de oportunidades profesionales y perspectivas románticas. En general, las habilidades sociales son una de las áreas más críticas para mejorar para llevar una vida más plena.

El objetivo de este libro es ayudarle a lograrlo. Si tiene experiencia con la ansiedad social o sospecha que podría, este libro le enseñará exactamente qué es este trastorno y cómo funciona, pero también cómo puede solucionar el problema. De hecho, aunque es un tema complejo que aún se está investigando, la ansiedad social es algo que puede combatir por su cuenta, con un éxito moderado a destacado.

Es importante comprender que usted es solo una de las muchas personas con este problema y que no hay nada intrínsecamente malo en usted. La ansiedad social puede tener numerosas causas, pero la cura es casi siempre la misma o muy similar. En los términos más simples posibles, el problema gira en torno a una habilidad que ha perdido y tendrá que dominar nuevamente. En el proceso, también se dominará a sí mismo.

Al final de este libro, comprenderá qué es realmente este trastorno, pero también entenderá cómo funciona exactamente su cerebro, en particular en relación con la ansiedad social. Aprenderá a diferenciar entre la ansiedad social y algunos otros procesos psicológicos normales o rasgos de personalidad como la introversión, el miedo o la simple timidez.

Si bien no sustituye la ayuda y la terapia psiquiátricas profesionales, este libro contiene información actualizada y métodos probados para superar su ansiedad. También le ayudará en su viaje hacia un mayor autodesarrollo y conciencia, los cuales son importantes para lograr una paz mental duradera. En el proceso de superar su ansiedad, se convertirá en una persona más segura y aprenderá valiosas habilidades de comunicación.

No importa cuántas malas experiencias haya tenido y cuán desesperada pueda parecer su situación, no está más allá de la ayuda. Como leerá en este libro, vencer su ansiedad social puede ser difícil y, a veces, puede parecer una batalla cuesta arriba, por lo que necesitará paciencia y perseverancia, además del deseo de mejorar. No obstante, es una batalla que toda persona tiene la fuerza para ganar. Sin embargo, esa fortaleza debe desbloquearse y este libro eventualmente le ayudará a lograrlo. Sin más preámbulos, comenzaremos por conocer qué es realmente la ansiedad social y dónde nos encontramos cuando se trata de comprender y tratar este problema.

Capítulo Uno: ¿Qué es la Ansiedad Social?

Es importante señalar que la ansiedad social no es simplemente timidez o introversión, aunque a menudo pueden estar correlacionadas. La ansiedad social es un trastorno de personalidad diagnosticado, generalmente conocido como trastorno de ansiedad social o TAS para abreviar. La ansiedad social se conocía anteriormente como fobia social, que es un término que todavía se usa en ocasiones. En términos más simples, la ansiedad social es una especie de miedo a las situaciones sociales que surge de un sentimiento de insuficiencia y el miedo a ser analizado de alguna manera.

Todas las personas pueden ponerse nerviosas por determinadas situaciones, especialmente cuando son importantes. Por ejemplo, muchas personas tienden a ponerse nerviosas antes de una entrevista de trabajo importante, incluso si realmente no tienen un trastorno de ansiedad social. Y aunque este nerviosismo generalmente proviene del miedo al análisis que inevitablemente conlleva una entrevista de trabajo, no es un trastorno de ansiedad social por definición. La ansiedad social implica un miedo particularmente intenso e irracional que puede nublar su mente por completo y ocurre automáticamente, incluso cuando no puedes identificar racionalmente de qué se trata una situación que le asusta. La irracionalidad y la intensidad de la reacción de miedo que conlleva la ansiedad social son la razón por la que a veces se le denomina fobia social.

El hecho de que hayamos evolucionado para ser criaturas sociales es algo que hace que la ansiedad social sea particularmente trágica y problemática. Incluso cuando tenemos tal trastorno y cuando nuestro miedo nos hace pensar que no queremos entrar en situaciones sociales, nuestras mentes todavía anhelan sutilmente la interacción y el contacto. El aislamiento prolongado y la falta de intimidad o cualquier contacto social, por significativo que sea o no, pueden tener consecuencias dramáticas en nuestra salud mental, independientemente de cuán sociables o insociables creemos que somos.

Por supuesto, por lo tanto, la ansiedad social frecuentemente conduce a sentimientos de soledad y distanciamiento. Como sabrá por experiencia, esta es una situación difícil porque se siente como una trampa terriblemente paradójica en la que uno detesta la perspectiva de involucrarse en una situación social, pero siente lo mismo acerca de su soledad mientras tanto. Como tal, un trastorno de ansiedad social puede dar lugar a todo tipo de complicaciones en lo que respecta a la salud mental o incluso física, según el caso. Eso es si el desorden no se controla, por supuesto.

Si solo tiene un problema moderado de ansiedad social, debería intentar eliminarlo de raíz. En este momento, podría pensar que solo afecta su vida social y le dificulta hacer amigos, pero, con el tiempo, la ansiedad social puede dificultar muchas otras áreas de su vida, como mencionamos. Si el problema puede crecer, puede pasar de sentirse incómodo en una fiesta a reprimir su carrera, o algo peor.

Dado que puede tener consecuencias de gran alcance para la calidad de vida y la productividad de las personas, no sorprende que el trastorno de ansiedad social sea algo que preocupa en gran medida a la sociedad. TAS (trastorno de ansiedad social) es solo una de las numerosas formas de trastornos de ansiedad que plantean un problema, especialmente en Occidente. En los Estados Unidos, los trastornos de ansiedad afectan a aproximadamente 40 millones de adultos, lo que los convierte en la forma más común de problema de salud mental. Anualmente, alrededor de una quinta parte de los adultos estadounidenses informarán que se ven afectados por algún tipo de ansiedad.

La incidencia del trastorno de ansiedad social es de alrededor del 7% de la población adulta en los Estados Unidos. Esta estadística incluye casos de ansiedad social de leves a graves, pero solo toma en cuenta las personas con un problema prolongado. Las personas que se ven afectadas por el TAS durante períodos de tiempo más cortos son aún más numerosas. Dado que afecta a millones de personas, la ansiedad social también tiene su costo para la economía, al igual que otras formas de ansiedad. Debido a que es un problema creciente en todos los ámbitos, la ansiedad social ahora recibe una atención significativa y por lo tanto la entendemos mucho mejor que antes.

Síntomas

La ansiedad social, una enfermedad diagnosticada, viene con una variedad de síntomas identificables que pueden usarse para determinar si el problema es TAS o si es algo más. Por supuesto, los síntomas de la ansiedad social son en su mayoría como los de otras formas de trastornos de ansiedad, mientras que la principal diferencia está en los detonantes que provocan esos síntomas. Los síntomas generalmente se pueden dividir en síntomas emocionales o conductuales y síntomas físicos.

De hecho, cuando se presenta, la ansiedad social puede interferir con la forma en que se comporta en determinadas situaciones y cómo se siente tanto física como emocionalmente. Sin embargo, cuando se trata de comportamiento, la ansiedad social también presenta síntomas y signos persistentes a largo plazo. Altera el estilo de vida, los hábitos, los planes y, finalmente, incluso los resultados de la vida. Cuando se trata del lado conductual y emocional, a continuación se presentan algunos de los síntomas y signos comunes del trastorno de ansiedad social:

- Miedo excesivo al juicio y situaciones sociales que pueden provocarlo

- Miedo a comunicarse con extraños

- Obsesionarse con la posibilidad de avergonzarse o de ser humillado en público

- Miedo a la ansiedad en sí misma, o más bien, a que otras personas noten el problema o los síntomas físicos que podría estar experimentando

- Miedo a atraer la atención de los demás, especialmente en grupos o multitudes

- Ansiedad persistente y, en ocasiones, creciente anticipación de una situación social próxima de la que usted está consciente por adelantado

- Ajustar planes y cancelar actividades para evitar detonantes, incluso en detrimento de su vida social o profesional

- Dejar de participar en actividades que solían brindarle placer y alegría, simplemente por miedo a las situaciones sociales y la ansiedad que conllevan

- Análisis post hoc obsesivo de cada detalle de la interacción una vez finalizada, con un enfoque en su desempeño durante su curso

- Incapacidad para concentrarse en la otra parte en una conversación, en lugar de obsesionarse con su propia apariencia y comportamiento

- Una perspectiva excesivamente negativa sobre los escenarios sociales futuros y consecuencias

Debido a todos estos problemas, las personas con ansiedad social tienden a tener dificultades para iniciar conversaciones, participar en actividades grupales, conocer a desconocidos, tener citas, mantener el contacto visual, visitar una tienda o incluso usar un baño público.

Cuando ocurre un brote de ansiedad social, generalmente notará los siguientes síntomas:

- Aumento de la frecuencia cardíaca - *en ocasiones de manera severa*
- Temblor
- Sudoración por estrés
- Náuseas
- Sonrojarse
- Dificultad para respirar, que también puede dificultar el habla
- Mareos
- Pérdida generalizada de control sobre sus pensamientos y sensación de pánico

Si tiende a experimentar alguno o todos estos síntomas en situaciones sociales y se siente incómodo a causa de ello, esta es una indicación de que está luchando con un trastorno de ansiedad social.

Diagnóstico y Complicaciones

Como mencionamos, el trastorno de ansiedad social ha sido tomado en serio por la psiquiatría y la psicología convencionales durante un largo periodo de tiempo, especialmente en el mundo desarrollado. Como tal, es un trastorno que puede diagnosticarse con gran precisión. Analizar los síntomas después de que han ocurrido y se han observado es una forma de diagnóstico, pero los expertos también han desarrollado cuestionarios útiles y pruebas de personalidad que pueden ayudar a evaluar si usted padece TAS y qué tan grave podría ser.

Si decide hablar con un profesional para confirmar más allá de toda duda si padece un trastorno de ansiedad social, es posible que le pidan que hable sobre síntomas pasados o que responda un cuestionario. Los cuestionarios generalmente consisten en declaraciones con las que se supone que está de acuerdo o en desacuerdo. Estas pruebas pueden variar en complejidad, pero su idea central es conocer la forma en que reacciona ante determinadas situaciones y cómo funciona su mente. Los resultados ayudarán a determinar si está socialmente ansioso y en qué grado.

Además de considerar los síntomas y signos que ya hemos comentado, también puede realizar estas pruebas y cuestionarios por su cuenta. Existen todo tipo de cuestionarios que puede encontrar en Internet, algunos más detallados y confiables que otros. Aun así, el diagnóstico más preciso requerirá consultar con un profesional que podrá considerar todas las particularidades de su caso individual.

Si no se controla, un trastorno de ansiedad social puede evolucionar de diversas maneras y provocar complicaciones, especialmente cuando se trata de su salud mental en general. Con el tiempo, su ansiedad social puede hacerse cargo de todos los aspectos de su vida, dictando todo lo que hace y cómo o cuándo lo hace. Las personas con ansiedad social a menudo tienen con una autoestima debilitada y, por supuesto, con pésimas habilidades sociales. Estos problemas son especialmente probables cuando el trastorno se manifiesta durante la adolescencia, que es una etapa importante del desarrollo. Desafortunadamente, este escenario es demasiado común cuando se trata de TAS, y los niños pueden perder el desarrollo de habilidades sociales cruciales y confianza que entrarán en juego más adelante en la vida.

La ansiedad social puede hacer que las personas se vuelvan frágiles e irritables, incapaces de manejar las críticas o incluso de recibir consejos amistosos. Las personas con TAS también tienden a ser menos asertivas, lo que dificulta el desempeño profesional y académico. A medida que el trastorno lleva al individuo hacia un aislamiento mayor, pueden surgir todo tipo de problemas. No es raro que las personas con ansiedad social terminen con un trastorno depresivo mayor y muchos otros problemas mentales que incluso pueden conducir al suicidio o, al menos, a intentos de suicidio. Por supuesto, muchos pacientes también recurrirán a la automedicación con alcohol o drogas, lo que, a su vez, puede conducir al abuso de sustancias y a una gran cantidad de otros problemas que lo acompañan.

Causas y Factores De Riesgo

Como suele ser el caso, las causas del trastorno de ansiedad social pueden variar y vale la pena discutirlas. En general, el trastorno de ansiedad social se debe a factores biológicos o ambientales o una combinación de ambos. Se ha observado que la ansiedad social a menudo se hereda, pero no está claro si esta heredabilidad proviene de la genética o de la crianza y el comportamiento aprendido. Ciertamente, es posible que la ansiedad social, al igual que otros problemas mentales, se pueda transmitir a través de los genes, pero esto todavía está en duda.

En cuanto al cerebro en sí, se ha sugerido que la parte responsable de la reacción de miedo y ansiedad es la amígdala. Cuando esta parte del cerebro está anormalmente activa, como es el caso de algunas personas, la ansiedad social tiende a ser un problema.

En cuanto a los factores ambientales que pueden causar el trastorno, son abundantes. Las experiencias pasadas pueden jugar un papel importante, particularmente las experiencias sociales negativas. Pueden afectar especialmente si ocurren cuando un individuo es muy joven o vulnerable. Por supuesto, los padres también pueden ser los culpables inadvertidos, ya sea dando ejemplo con su propio comportamiento ansioso o siendo sobreprotectores o no socializando adecuadamente a su hijo durante los años de formación. En cuanto al maltrato directo o el abuso infantil, no está claro si tales experiencias en la infancia pueden conducir a la ansiedad social, aunque ciertamente están conectadas a otros problemas.

Además del tema oscuro y debatido de las causas subyacentes, también existen factores de riesgo a considerar, todos los cuales pueden implicar un mayor riesgo de desarrollar TAS en algún momento de la vida. Además de los antecedentes familiares y la influencia de los padres que mencionamos, los factores de riesgo ambientales para los niños también incluyen experiencias como el acoso, las burlas excesivas, la humillación y la imposibilidad de hacer amigos. Estas experiencias pueden conducir al retraimiento y la alienación, contribuyendo en gran medida a la ansiedad social posterior. Se debe trabajar con los niños que exhiben rasgos como la timidez y la falta de sociabilidad al principio de su vida para reducir su elevado riesgo de desarrollar TAS.

En los casos desafortunados en los que las personas padecen una afección o un problema de apariencia que llama la atención, el riesgo de ansiedad social también es mayor. Esto incluye muchos aspectos que pueden cohibirnos y convertir la interacción social en una tarea, incluso si las personas con las que interactuamos son amables con nosotros. Uno de los problemas más comunes de este tipo es el acné. La aparición del acné durante la adolescencia frecuentemente se correlaciona con la aparición de ansiedad social, y ciertamente puede empeorar las cosas.

Tratamiento

Hoy en día, la ansiedad social es algo que se trata con mucho éxito y es muy probable que las opciones de tratamiento mejoren aún más en el futuro. Los dos enfoques principales son la terapia cognitivo-conductual ("TCC" para abreviar) y la medicación. Por supuesto, la terapia también utilizará a menudo ambos enfoques, según el caso en cuestión.

La terapia cognitivo-conductual es un tratamiento que se enfoca en los patrones de pensamiento del paciente y otros procesos mentales, considerando cómo afectan la ansiedad. Más adelante descubrirá que los consejos de este libro también constituyen esencialmente la TCC. Es simplemente la idea de que al alterar la forma de pensar del paciente mediante el uso de asesoramiento y terapia personalizada, el paciente puede abandonar pensamientos y creencias que conducen a la ansiedad social. Al cambiar los pensamientos y el comportamiento, la CBT aborda realmente la causa raíz del problema.

Como sugiere su nombre, la TCC consta de dos partes, en las que la parte cognitiva de la terapia se ocupa de los pensamientos y la mitad del comportamiento se centra en diversas actividades. Cuando se trata de la TCC que es específica para el tratamiento de la ansiedad social, la parte cognitiva de la terapia tiende a centrarse en reemplazar los pensamientos negativos que desencadenan la ansiedad por pensamientos positivos. El componente conductual de la terapia a menudo incluye terapia grupal que involucra actividades que están destinadas a acondicionar al paciente para que tolere mejor ciertas situaciones gradualmente.

Estas actividades tienden a ser aquellas que tienen el potencial de ser al menos algo incómodas para el paciente, pero es un proceso de inmunización lento, por así decirlo. Además, las actividades de terapia de grupo brindan la oportunidad de poner en práctica lo que el paciente aprende durante la terapia cognitiva. Ésta es una de las razones por las que la TCC es un enfoque tan completo y eficaz. La TCC también puede hacer uso de técnicas de relajación como la meditación, la atención plena y otros enfoques, muchos de los cuales cubriremos más adelante en este libro.

Cuando se trata de medicación, si es posible tratar el trastorno con éxito sin medicación, y aunque eso es *ideal* (la medicación puede ser muy útil), la medicación que se usa para tratar la ansiedad social es lo que cabría esperar con otras formas de ansiedad, incluidas las benzodiazepinas y los ISRS. Los dos problemas principales con los medicamentos son que tienen efectos secundarios y que solo tratan los síntomas en lugar de abordar la *causa raíz*. Es por eso que la medicación es solo una herramienta adicional para facilitar el tratamiento, no una solución a largo plazo.

Con todo, la terapia para la ansiedad social tiene una gran tasa de éxito y, en casi todos los casos, el problema es curable. Una vez que la mente ha sido reformada y se le ha enseñado a mirar las cosas desde una nueva perspectiva, el cambio positivo suele ser permanente. A menudo, todo lo que se necesita es un poco de fuerza de voluntad y paciencia de su parte, como aprenderá a lo largo de este libro.

Capítulo Dos: Ansiedad Social, Timidez, e Introversión

En este capítulo, entraremos en más detalles sobre las diferencias y la conexión entre la ansiedad social y un par de aspectos que pueden parecerse al trastorno o acompañarlo, pero que también pueden existir sin TAS. En primer lugar, es importante comprender que el nivel de comodidad en situaciones sociales, especialmente cuando tenemos en cuenta diversas preferencias personales, puede depender de muchos factores además de los trastornos o cualquier tipo de enfermedad. Ser un poco tímido es sin duda un rasgo de personalidad legítimo y no representa ningún tipo de trastorno.

Además, ser tímido o ansioso en ciertas situaciones sociales puede ser completamente natural, incluso para personas que de otra manera nunca lo serían. Hablar con una persona que realmente le agrada o estar en una situación con desconocidos mientras se percata que ocurre algo extraño puede hacer que cualquiera se sienta ansioso y nervioso. Como probablemente sepa, algunas personas también están naturalmente predispuestas a ser más extrovertidas y comunicativas que otras, y la sociabilidad es ciertamente un espectro. Comprender qué son la timidez y la introversión, por ejemplo, puede ser tan útil como conocer los síntomas de los que hablamos anteriormente cuando se trata de identificar la ansiedad social.

Introversión

Para empezar, veamos lo que realmente significa ser introvertido. En uno de los capítulos posteriores, consideraremos cuidadosamente una lista de situaciones y entornos que pueden ser complicados para los introvertidos, con o sin ansiedad social. Por ahora, seremos directos. En términos prácticos, un introvertido es una persona a la que le agradan los entornos tranquilos y relativamente calmados y los entornos que no son demasiado estimulantes. Si bien es posible que no asusten al introvertido, estas situaciones pueden ser agotadoras mental y emocionalmente, por lo que los introvertidos generalmente necesitan un período de relajación en soledad después de un período prolongado de socialización. Cuanto más estimulante e intensa sea la socialización, más efecto tendrá.

Los conceptos de introversión y extroversión en los seres humanos se remontan a uno de los psicólogos más famosos, Carl Jung, quien introdujo estos términos en 1921. En esencia, este concepto no se centró principalmente en la sociabilidad. Más bien, Jung postuló que un introvertido es simplemente alguien que está más enfocado y en sintonía con sus pensamientos y sentimientos internos. Es una especie de enfoque hacia el interior que se caracteriza por aspectos como la introspección frecuente y un enfoque en todo lo que existe dentro de sí mismos. Por otro lado, un extrovertido es una persona que se enfoca principal o exclusivamente en el mundo exterior.

Más tarde, la teoría de Jung jugó un papel importante en otras teorías de la personalidad, como la teoría de los "Cinco Grandes", también conocida como el modelo de los cinco factores. Este es esencialmente un sistema de agrupación de rasgos de personalidad, y todavía es usado. Otro ejemplo reconocido del uso de la escala introvertido-extrovertido es el indicador de tipo Myers-Briggs o MBTI. Este es un sistema y una prueba que se ha utilizado durante un tiempo para clasificar a las personas en tipos de personalidad predefinidos, y la introversión o extroversión de un individuo juega un papel importante en ello.

Con el tiempo, estos términos han ido evolucionando y varios psicólogos han contribuido a la evolución de las definiciones. Hoy en día, nos queda bastante claro que los introvertidos también tienden a ser menos sociables que los extrovertidos, aunque, una vez más, no son necesariamente ansiosos socialmente o incluso tímidos. Cuando se trata de estimulación social o de cualquier otro tipo proveniente del exterior, los extrovertidos tienden no solo a preferirla, sino que también la necesitan en mayor cantidad. Por ejemplo, mientras que un extrovertido puede necesitar salir a una fiesta por la noche y relacionarse con muchas personas para sentirse satisfecho, un introvertido generalmente preferirá sentarse en la casa de alguien con dos o tres amigos cercanos y tener una relajada tarde tranquila. Con todo, los introvertidos se centrarán en sus sentimientos internos, mientras que los extrovertidos se centrarán en la estimulación externa.

Todo esto se ve mejor como un espectro entre la extroversión y la introversión, lo que significa que existen pocas personas que son extremadamente introvertidas o extrovertidas. La mayoría de las personas se encuentran en algún punto intermedio, pero la inclinación hacia uno u otro es evidente en la mayoría de las personas. Es imposible saber la cifra exacta, pero se estima que las personas que pueden definirse como introvertidas representan entre el 25 y el 40% de la población.

Si bien la ansiedad social es, como comentamos, un trastorno probablemente causado por una combinación de factores genéticos y ambientales, es aún menos claro qué causa la introversión. Además de eso, la introversión no se considera de ninguna manera un trastorno. Por supuesto, existen algunas explicaciones propuestas. En general, los introvertidos y extrovertidos probablemente nacen de esa manera, pero los factores ambientales ciertamente pueden influir. Después de todo, es difícil determinar cómo se forma exactamente su personalidad. Lo importante de entender es que la introversión es perfectamente normal y natural.

La diferencia clave entre la ansiedad social y la introversión es que la primera implica miedo, mientras que la segunda se trata de preferencia. Si bien la introversión es simplemente una forma de vivir, la ansiedad social es algo que le impide vivir. Además, aunque la causa es amplia, se comprenden correctamente los mecanismos internos de la introversión y la extroversión. Un estudio publicado hace unos años en Frontiers in Human Neuroscience por Richard Depue y coautores de la Facultad de Ecología Humana nos ha brindado más información al respecto.

Según los investigadores, la introversión y la extroversión tienen mucho que ver con la forma en que funciona el sistema de recompensa en el cerebro de un individuo. Básicamente se reduce a la química del cerebro, en particular a la dopamina. En los términos más simples, la dopamina es una sustancia química que libera su cerebro para brindarle una sensación gratificante cada vez que tiene éxito o adquiere algo que desea. En el cerebro de los extrovertidos, afirman los investigadores, existe una respuesta mucho más alta y más estimulante a la dopamina. Debido a esto, los extrovertidos están más motivados para buscar una mayor estimulación, lo que inevitablemente los vuelve más extrovertidos.

Características de un Introvertido

A medida que avancemos, aprenderá más sobre cómo diferenciar entre ansiedad social y aspectos como la introversión, pero por ahora, veamos algunos signos comunes de introversión. Como probablemente pueda deducir a estas alturas, si bien existe una alta correlación entre la introversión y la vida social más tranquila, eso no significa que los introvertidos no puedan ser altamente sociables. Es por eso que el desempeño en situaciones sociales no siempre es un indicador confiable. Un indicador adecuado de introversión y extroversión es cómo se desempeña un individuo en soledad.

La soledad no es realmente estimulante, por lo que a los extrovertidos les resulta particularmente difícil lidiar con ella. Si le resulta fácil o incluso preferible pasar tiempo solo, ese es un fuerte indicador de introversión. ¿Se encuentra disfrutando de una velada tranquila en casa con un chocolate caliente y un libro, mucho más que una gran fiesta? ¿Prefiere reuniones pequeñas y tranquilas con unos pocos amigos o familiares selectos? Estos son signos de que probablemente sea introvertido.

Sin embargo, si a menudo se siente demasiado aburrido, inquieto y frustrado cuando está solo, es posible que sea extrovertido. Sin embargo, el caso es que si se siente así cuando está solo, pero aún lucha y se siente incómodo en situaciones sociales, entonces este es un indicador de que su problema es un trastorno de ansiedad social. Este sería un caso claro de miedo a preferencia, como mencionamos anteriormente. Se encuentra deseando la interacción y la estimulación que le brinda, pero debe lidiar con ella, y es ahí cuando el problema va más allá del asunto de la introversión y la extroversión.

La razón por la que los introvertidos frecuentemente sentirán que su energía se ha agotado después de un tiempo de socializar no es que sean necesariamente insociables, sino debido a su diferente respuesta a la estimulación. Considere cómo se siente después de asistir a una fiesta o reunión familiar numerosa. ¿Se siente agotado y cansado o renovado? De hecho, mientras que las situaciones sociales agotan la energía del introvertido, renuevan al extrovertido.

Otro signo común de introversión es la introspección profunda y sofisticada. Si tiende a pasar gran parte de sus horas de vigilia en introspección, escuchando su voz interior, soñando despierto y sin tener en cuenta el mundo que lo rodea, es casi seguro que sea introvertido. Ya mencionamos que los introvertidos se caracterizan por un enfoque en sus sentimientos internos, pero eso no significa que sean más emocionales. Tiene que ver con la forma en que los introvertidos procesan toda la información que reciben del mundo exterior. El extrovertido tiende a percibir las cosas externamente, mientras que el introvertido internalizará la información y la procesará a través de sus intrincadas conversaciones y sentimientos internos.

Todo esto implica un alto nivel de autoconciencia, lo que podría ser la razón por la cual los introvertidos son más propensos a ser cohibidos y, a su vez, socialmente ansiosos. Los introvertidos tienden a conocerse bastante bien, lo que significa que están en contacto con sus emociones y comprenden sus propias motivaciones, pensamientos e ideas. Si es introvertido, esto puede parecer nada especial para usted, pero la verdad es que a muchas personas les cuesta entender qué y por qué sienten la mayor parte del tiempo o incluso por qué hacen ciertas cosas. Los introvertidos generalmente no tienen ese problema. En general, si pasa mucho tiempo reflexionando y tratando de llegar al fondo de sus pensamientos, es probable que sea introvertido.

Los introvertidos también pueden concentrarse en las cosas muy de cerca, especialmente en una tarea a la vez. Si prefiere mantenerse enfocado en una cosa a la vez en lugar de realizar múltiples tareas, eso es un signo de introversión. Además, cuando se trata de aprender a hacer un determinado trabajo o de absorber una nueva habilidad, los introvertidos generalmente prefieren aprender a través de la observación durante un tiempo antes de involucrarse. Esto a menudo implica aprender de los demás al verlos actuar. Los extrovertidos tienden a depender más del ensayo y error.

A los introvertidos también les agrada la autonomía, especialmente en el trabajo. No es que los introvertidos no puedan funcionar como parte de un equipo, pero si se les da una opción, tienden a preferir trabajos que les brinden una dosis de independencia o incluso aislamiento. Un introvertido no solo preferiría un trabajo así, sino que también tienden a desempeñarse mejor en ellos.

Otra pista que puede buscar es cómo lo perciben los demás. Los introvertidos a menudo se confunden con personas tímidas o ansiosas, como puede imaginar, y sucede principalmente con desconocidos. Observen cómo lo ven quienes lo conocen. Si pueden observar que normalmente es callado, algo reservado y no está ansioso por compartir los rincones más íntimos de su mente, probablemente sea introvertido.

Timidez

Se puede argumentar que la timidez tiene mucho más en común con la ansiedad social que la introversión. Por supuesto, la timidez es un concepto un poco difícil de definir. No es un trastorno ni ningún tipo de enfermedad diagnosticada y es una idea mucho más informal y coloquial, por así decirlo. Diferentes personas pueden describir diferentes rasgos como timidez. El solo hecho de tener un mal día en el que no se siente particularmente sociable puede hacer que algunas personas le consideren tímido, aunque generalmente no es retraído en absoluto.

Quizás la definición más precisa de timidez sería volver al miedo al juicio que también ocurre con la ansiedad social. Algunos describirían la timidez como una ansiedad social de baja intensidad o en una etapa temprana. Si bien no son lo mismo, la ansiedad social a menudo se parece a la timidez multiplicada por diez. Como tal, la timidez también suele deberse a problemas más simples como la falta de confianza, una mala imagen de sí mismo y actitudes cohibidas.

Sin embargo, lo que ocurre con la timidez y la introversión es que esta última a veces puede convertirse por la fuerza en la primera, por así decirlo. Por más natural y normal que sea la introversión, no es ningún secreto que nuestra sociedad favorece a los extrovertidos. Ciertamente no es una gran conspiración para oprimir a los introvertidos, por supuesto, pero así es. Los seres humanos son criaturas sociales, como hemos comentado, y nuestra economía, sociedad y la propia civilización dependen de la comunicación de todo tipo. Como tal, naturalmente hemos llegado a una sociedad donde los extrovertidos prosperarán.

La razón por la que esto es relevante es que las personas normales y extrovertidas a veces malinterpretan la introversión por timidez o la perciben como antisocial, lo que puede llevar a que los introvertidos sean excluidos y distanciados. Esto se debe a que pueden sentir que la forma en que son es indeseable y no bienvenida, inculcando en ellos la creencia de que existe algo fundamentalmente incorrecto en ellos. Por supuesto, sentirse así es devastador para la autoimagen de cualquier persona y, con el tiempo, es así como un introvertido sano puede convertirse en una persona que sufre de TAS o de un nivel considerable de timidez.

Como explicó Jonathan Rauch en un reconocido artículo en el Atlántico a principios de la década de 2000, a los extrovertidos les resulta muy difícil comprender la idea misma de la introversión. No logran identificarse con ello, y esto a menudo conduce a los conceptos erróneos que mencionamos. Debido a todo esto, los introvertidos incluso pueden ser etiquetados como arrogantes, engreídos y mucho más.

Otra diferencia fundamental entre la introversión y la timidez es que, a diferencia de la introversión, lo que llamamos timidez es frecuentemente una respuesta, no un rasgo inherente. Además de ser tímidos, las personas también pueden volverse retraídos, en una situación que lo es. Cuando se siente incómodo en una situación social y le invade ese sentimiento desagradable de ser juzgado, normalmente terminará siendo "tímido".

Como puede observar, la timidez también se puede ver y definir como un síntoma del trastorno de ansiedad social. Pero, por supuesto, no siempre es así, sobre todo en términos coloquiales y situaciones cotidianas. La gente común generalmente considera que la timidez es una característica, y existe un delicado equilibrio que algunas personas logran crear entre su capacidad para socializar y su naturaleza reservada. De hecho, como probablemente sepa, la timidez a veces incluso se considera como una virtud o al menos como algo agradable o lindo.

Es por eso que la timidez es quizás el más oscuro de todos estos conceptos y el más difícil de definir. Es una palabra que usamos con tanta frecuencia que es difícil atribuirle un significado científico y una definición. Como tal, es mejor centrarse en las diferencias entre la introversión y la ansiedad social sobre todo mientras se considera la timidez como un síntoma potencial de TAS.

Uno de los muchos intentos de definir la timidez lo aportaron los expertos en comportamiento infantil y psicología de la personalidad, Louis A. Schmidt y Arnold H. Buss. Explicaron que la sociabilidad, como opuesto a la timidez, representa una motivación para estar con los demás. La timidez, por otro lado, se refiere a la tensión y el malestar entre las personas, y generalmente a ciertos comportamientos en reacción a ese malestar.

Capítulo Tres: Ansiedad vs. Preocupación vs. Miedo

La ansiedad tiene mucho en común con la preocupación y especialmente con el miedo, pero no todos son iguales en lo que respecta a la psicología y la psiquiatría. Este es el capítulo en el que entraremos en más detalles sobre qué es realmente la ansiedad, en general, y cómo se relaciona con alguna confusión psicológica común que todos experimentamos en algún momento. En el capítulo anterior, analizamos los rasgos de personalidad que pueden parecerse a la ansiedad social, mientras que, en este, nos centraremos en los procesos mentales que todo ser humano saludable experimentará en algún momento.

De hecho, no existe nada más natural y humano que preocuparse o tener miedo. Preocuparse significa que nos importa, y puede ser muy importante, especialmente cuando se trata de nuestros seres queridos. La preocupación también puede darnos señales y advertencias sobre los resultados potencialmente negativos de ciertas elecciones o situaciones. Además, el miedo es una parte indispensable de nuestro mecanismo de supervivencia, y lo ha sido desde que hemos caminado por la Tierra.

Los Matices y La Estructura de la Ansiedad

Además de lo que ya hemos discutido sobre la naturaleza de la ansiedad social y su definición, también vale la pena mencionar que la ansiedad social ciertamente existe en un espectro y se puede dividir en componentes. Ya discutimos cómo se pueden clasificar los síntomas de la ansiedad social, pero también existe un panorama divido en tres partes de la estructura de la ansiedad, que algunos expertos usarán.

En pocas palabras, los tres componentes centrales de su ansiedad son los componentes emocional, fisiológico y cognitivo. El componente emocional comprende las cosas que siente, como el miedo o ese sentimiento de pavor que se hunde antes de un compromiso social, por ejemplo. El componente fisiológico solo incluye todos los síntomas físicos que discutimos anteriormente. El componente cognitivo es donde las cosas se ponen interesantes, y es aquí donde entra la preocupación. Este componente tiene que ver con los pensamientos que tiene, que están relacionados con su ansiedad.

Siempre que piense en cómo no puede hacer algo o en los muchos escenarios potenciales en los que se siente avergonzado y humillado, ese es el componente cognitivo de su ansiedad. Como puede ver, todo esto a menudo implica preocupación, y es así como la preocupación entra en juego cuando se siente ansioso, especialmente antes de que se produzca una interacción social.

También mencionamos que el trastorno de ansiedad social existe en un cierto espectro. Esto se debe a que, como mencionamos, un cierto grado de ansiedad le ocurre naturalmente a la mayoría de las personas en algún momento. Lo que pasa con la ansiedad normal, social o de otro tipo, es que no interferirá en su vida diaria. Esto se debe a que ocurre raramente y a que sus síntomas son más leves que los del trastorno de ansiedad social real. Cuando se produce de esta forma sana y natural, la ansiedad incluso puede ser buena. En una situación social, esa pequeña cantidad de ansiedad puede hacer que se encuentre más alerta, concentrado y animado, lo que algunas personas interpretarán de manera positiva.

A medida que comienza a alejarse de ese lado del espectro, se acerca a los niveles de ansiedad que pueden causarle malestar y hacer que las situaciones sociales sean indeseables para usted. Aún más el otro extremo, el territorio del desorden comienza cuando su ansiedad obstaculiza su desempeño en situaciones sociales y de otro tipo y simplemente lo perjudica en cualquier cosa, desde tareas importantes hasta la vida diaria. En otras palabras, a veces es natural preocuparse, pero en el momento en que llega a una situación en la que prefiere quedarse en casa antes que enfrentarse a la música es cuando debe saber que probablemente padezca ansiedad social.

También existe una cierta zona gris entre la ansiedad natural y el deterioro total. Es aquí donde puede tener síntomas de un trastorno de ansiedad hasta un punto en el que experimente malestar regular. No obstante, probablemente se encontrará limitando sus interacciones sociales y siendo menos asertivo, aunque al menos esté saliendo de su casa. Este nivel de ansiedad social puede ser perjudicial para usted a largo plazo, ya que puede volverlo más reservado y sin disposición a hacer un esfuerzo adicional en el trabajo, por ejemplo. Además, estar cerca de la ansiedad social diagnosticable generalmente significa que el problema empeorará con el tiempo si no lo controla.

La ansiedad social también puede venir acompañada de ataques de pánico, que a veces son similares pero definitivamente no lo mismo que los ataques de ansiedad. Los ataques de pánico se caracterizan por fuertes síntomas físicos o al menos una percepción de tales síntomas. Los ataques de pánico suelen ser repentinos y se desencadenan por determinadas fobias, como la fobia social, en su caso. Un síntoma físico común es una frecuencia cardíaca errática y dificultades para respirar. Los ataques de pánico no le matarán ni le darán un ataque cardíaco real, pero pueden hacerle sentir así, lo que los vuelve aterradores.

Puede haber cierta continuidad entre su ansiedad y un ataque de pánico porque un ataque de pánico puede llegar como una especie de culminación de su ansiedad. Si está estresado por una situación social prolongada y altamente desagradable, es posible que llegue a una sobrecarga en la que su mente simplemente no pueda soportarlo más y pase a un nivel completamente nuevo de respuesta al miedo. Tal cosa nunca sucederá debido a una simple preocupación. Los ataques de pánico suelen ser indicativos de un problema de ansiedad subyacente y siempre son un signo de sobrecarga de estrés. En general, aunque se trata de un trastorno mental diagnosticado, la ansiedad social en ocasiones puede ser difícil de definir y puede involucrar diversas áreas grises.

Ansiedad y Preocupación

Al igual que el miedo, el estrés o la timidez, la preocupación tiene una relación especial con la ansiedad, aunque no es sinónimo de ella. Como bien sabe, la preocupación es parte integral de los síntomas de la ansiedad social, aunque a veces se confunde con el trastorno. Es natural y, de hecho, característico de los seres humanos dedicarse a la planificación, ya que la capacidad de hacer planes ha sido uno de los factores decisivos para llegar a donde estamos como especie.

Por supuesto, planificar es pensar en el futuro, considerar diferentes resultados y visualizar escenarios. Esto, inevitablemente, en ocasiones dará lugar a preocupaciones, especialmente cuando las probabilidades están objetivamente en su contra, por ejemplo. La preocupación también es normal si está programado para una entrevista de trabajo importante o cualquier otro compromiso social que pueda afectar directamente el curso posterior de su vida. En pocas palabras, nos preocupamos frecuentemente y, a menudo, tenemos buenas razones para hacerlo. No solo eso, sino que, a veces, la preocupación es lo que nos impulsa y nos ayuda a tomar las decisiones correctas.

Sin embargo, eso no cambia el hecho de que la preocupación también juega un papel destacado en la ansiedad social. Ahora sabe cómo la preocupación y la ansiedad se relacionan entre sí, pero aún es posible confundir las dos ya que, como mencionamos, existe la preocupación natural que todos experimentan, y luego está el tipo de preocupación que viene con los brotes de ansiedad.

Una de las diferencias más importantes e inmediatamente evidentes entre la preocupación y la ansiedad, social o de otro tipo, es la naturaleza física de la ansiedad. De hecho, la preocupación no se manifiesta físicamente y, en cambio, se limita a los confines de su mente. Como tal, si tiene pensamientos preocupantes sobre algo que podría suceder, incluso si se vuelven un poco incontrolables, tome nota de si está experimentando los síntomas físicos que hemos discutido.

Además, cuando se trata de ansiedad social, sus preocupaciones se volverán extremadamente persistentes, frecuentes y, a menudo, desproporcionadas o excesivas. Por lo general, no es recomendable compararse con los demás, pero si le preocupa ir a la tienda con la misma intensidad con la que sus amigos o familiares se preocupan por una entrevista de trabajo que podría cambiar su vida, definitivamente ha superado la preocupación habitual.

Como mencionamos anteriormente, una de las diferencias clave entre la ansiedad y la preocupación es que la preocupación tiene que ver con lo que sucede en sus pensamientos mientras que la ansiedad se vuelve física. Sin embargo, dado que ambos escenarios implican pensar demasiado, también vale la pena señalar que la preocupación suele ser más específica que la ansiedad. Lo que eso significa es que la preocupación tiende a centrarse en un problema real muy específico, ya sea pequeño o grande. Puede estar preocupado por llegar tarde a una cita, pero si también está preocupado por los desplazamientos o está obsesionado con lo que podría suceder una vez que llegue a la cita, entonces usted es una persona ansiosa. La ansiedad es más general y, a menudo, puede volverse complicada cuando se trata de sus orígenes.

Otra diferencia importante es que la preocupación puede ser productiva, al menos en el sentido de que frecuentemente le llevará a pensar en soluciones a un problema. Es natural que cuando esté preocupado por un problema específico, su mente comience a pensar en soluciones a ese problema. Sin embargo, con la ansiedad no se encuentran soluciones porque el problema en sí no está claro. La ansiedad es improductiva y le dejará sin ideas sobre cómo superar una situación determinada. Simplemente le ocasionará estrés y miedo.

En efecto, el solo hecho de concentrarse en sus preocupaciones reales y analizarlas de la manera más objetiva posible le brindará una mejor idea de si usted está ansioso o simplemente preocupado. La próxima vez que se sienta preocupado o ansioso, debe tomarse un momento para considerar lo que le molesta. Si le preocupa ir a trabajar porque está listo para una revisión, entonces está preocupado por algo específico. Si, por otro lado, no tiene ganas de ir a trabajar simplemente porque tiene miedo de estropear algo o avergonzarse de alguna manera, esto sería ansiedad.

Las preocupaciones también son más fáciles de controlar que la ansiedad. Esto se debe en parte a lo que acabamos de comentar acerca de que la preocupación está más arraigada en la realidad. Por lo tanto, es más fácil llegar al problema subyacente y resolverlo, mientras que la ansiedad es algo contra lo que debe luchar en un nivel mucho más profundo. Por tanto, no es de extrañar que la preocupación también tienda a ser mucho más temporal que la ansiedad, que puede persistir, evolucionar y volverse aún más compleja e irrazonable. En los términos más simples posibles, la preocupación es normal; la ansiedad no lo es.

Ansiedad y Miedo

La relación entre el miedo y la ansiedad es muy similar a la de la ansiedad y la preocupación. Al igual que la preocupación, el miedo es natural, normal e incluso útil, por lo que se diferencia de la ansiedad a pesar de que es uno de sus síntomas comunes. El miedo es aún más específico y enfocado que la preocupación. Mientras que su ansiedad es difusa, su respuesta al miedo suele ser provocada por algo muy real e inmediato, algo que se identifica fácilmente. A diferencia del sentimiento general de pavor que le atormenta en situaciones sociales aparentemente normales, su miedo es lo que le alerta del peligro, le permite saber cuándo actuar y le mantendrá vivo en la naturaleza.

El miedo puede presentar muchos de los mismos síntomas que la ansiedad, en particular síntomas físicos. Puede hacerle sudar o temblar, y puede aumentar su frecuencia cardíaca, pero la diferencia es que la amenaza es real, mientras que, con ansiedad, es imaginada o desproporcionada en su mente. Tanto el miedo como la ansiedad se pueden causar o empeorar mutuamente.

Una vez más, a diferencia de la ansiedad, el miedo es algo que no es crónico y no tiene el potencial de arruinar su vida. Aparecerá y se irá, y por desagradable que sea, desaparecerá cuando ya no sea necesario o justificado. En situaciones sociales, el miedo puede estar justificado en muchos casos, especialmente cuando se trata de desconocidos. Es natural responder con al menos un poco de miedo si alguien se le acerca en un callejón oscuro. Su mente está analizando el escenario y parece que existen bastantes posibilidades reales de peligro, por lo que le advierte sobre ello. Por otro lado, si reacciona a la interacción de la misma manera cuando va al banco, por ejemplo, lo más probable es que tenga ansiedad social en lugar de miedo a una amenaza real.

En cierto modo, el miedo es ansiedad y la ansiedad es miedo. Esto se debe a que son de naturaleza muy similar, mientras que solo su causa raíz es diferente. También es esa diferencia de causas lo que hace que la ansiedad sea un sentimiento persistente y molesto, mientras que el miedo es muy temporal. La ansiedad persiste porque es provocada por amenazas tan vagas y abstractas que solo existen en el escenario proyectado e imaginado que ha surgido en su mente. Es difícil resolver un problema que realmente no puede ver o ni siquiera describir a otra persona, por lo que la ansiedad permanece y le persigue.

Después de un tiempo, puede llegar a un punto en el que su ansiedad haya causado suficiente daño tangible a su vida como para comenzar a temer la ansiedad misma. ¿Y por qué no lo haría usted?

Si ha dañado su carrera, le ha causado vergüenza y ha devastado su vida social, su ansiedad social es una amenaza para usted, muy real y objetiva. Sin duda, es una mezcla inusual de lo real y lo abstracto, ya que la ansiedad en sí está solo en su mente, pero es un círculo vicioso muy real en el que se involucran muchas personas que padecen de TAS.

Como puede ver, el miedo, la preocupación y la timidez tienen conexiones y relaciones con el trastorno de ansiedad social, y por qué no son sinónimos, desempeñan un papel destacado. Las tres cosas pueden ocurrir de forma natural, pero cuando la ansiedad social está en juego, las tres pueden volverse persistentes y agotadoras. Como aprenderá a través de este libro, todo este problema se puede abordar desde ambos extremos. Es decir, algunas personas han superado con éxito sus trastornos de ansiedad social atacando sus miedos y preocupaciones de frente. Por otro lado, algunos prefieren abordar el trastorno a través de la terapia y otros enfoques similares que van directamente a la enfermedad.

En cualquier caso, el resultado será el mismo si tiene éxito. El aspecto crónico e irracional de estos sentimientos es lo que debe eliminar de su vida. Seguirá sintiendo miedo y preocupación, por supuesto, e incluso puede volverse tímido en ocasiones, pero ya no estará al capricho de su ansiedad impredecible y omnipresente. En cierto modo, el objetivo no es solo interactuar y socializar como una persona normal, sino también temer y preocuparse como una persona normal y sana.

Capítulo Cuatro: Diez Miedos Comunes de los Introvertidos

Como ya comentamos, la introversión es algo que la gente suele confundir con ansiedad social. Independientemente, la ansiedad social es a menudo parte de la vida de un introvertido, por lo que los dos se correlacionan. Debido a esto, podemos comprender mejor la ansiedad social si también comprendemos de manera adecuada la mente introvertida. En este capítulo, repasaremos algunas de las situaciones y experiencias que los introvertidos podrían temer o preferir evitar, especialmente si padecen ansiedad social. Esto debería ayudarlo a comprender mejor las diferencias entre la ansiedad y la introversión, pero también cómo pueden funcionar en conjunto algunas veces.

Esta lista también debería ayudarlo a categorizar algunas de sus experiencias y reacciones a ciertas situaciones. Por lo tanto, estará mejor equipado para identificar si está luchando contra la ansiedad o simplemente es introvertido. Para cada una de estas situaciones o entornos, también consideraremos cómo un individuo socialmente ansioso podría reaccionar ante ellos en comparación con alguien que es simplemente introvertido.

Conversación Casual

Como la mayoría de las cosas que discutiremos en este capítulo, las conversaciones casuales son algo que les resulta completamente natural a las personas que no tienen problemas con la interacción social. Es algo que está destinado a pasar el tiempo, permitirnos analizar a la otra persona o simplemente entretenernos. Los introvertidos generalmente no son fanáticos de las conversaciones casuales y las charlas sin sentido, en general, pero eso no siempre es porque lo temen.

Cuando la ansiedad social está en juego, sin embargo, la conversación casual asusta porque, en lugar de ser un pasatiempo simple, brinda una amplia oportunidad para sentirse juzgado y analizado. Una persona socialmente ansiosa pasará cada segundo de esa conversación casual obsesionada con su apariencia o sonido y constantemente preocupándose por lo que la otra persona pueda estar pensando sobre ella. Incluso cuando es obvio que el interlocutor no juzga ni nota nada extraño acerca de nosotros, la mente que padece de ansiedad social se verá opacada por un miedo irracional.

De hecho, las conversaciones casuales pueden ser una de las peores y más estresantes formas de conversación en las que se puede involucrar una persona socialmente ansiosa. Cuando una conversación es profunda, reflexiva, significativa y, lo más importante, interesante, cautivará la mente con mayor facilidad y desviará los pensamientos de ese camino ansioso. Debe considerar la forma en que piensa y actúa durante una conversación casual para ver dónde se encuentra en el espectro.

Multitudes

Este es algo evidente, pero las multitudes son algo que es muy difícil de manejar para los introvertidos. Los introvertidos preferirán entornos más tranquilos y calmados, como descansar en casa o sentarse con un grupo selecto de amigos cercanos. Como tal, los introvertidos tienden a evitar las multitudes simplemente porque no obtienen nada de la experiencia. Sin embargo, cuando también se sienten socialmente ansiosos, verán a las multitudes como una perspectiva amenazadora, no solo como una molestia.

El miedo se exacerbará si el introvertido socialmente ansioso está solo. Piensa en un escenario como estar solo en un bar o en una fiesta y cómo le haría sentir o cómo le hizo sentir si alguna vez lo hubiera experimentado. Los lugares repletos de gente hacen que algunas personas se sientan incluso más solas de lo habitual, especialmente si son introvertidas. Su ansiedad social también puede hacer que sienta que todos lo están juzgando, y este sentimiento puede hacer que las personas parezcan inaccesibles. Cuando se siente solo o excluido en un entorno así, el curso de acción normal es iniciar una conversación con alguien, pero la ansiedad social lo vuelve increíblemente difícil. Ver a otros entablar conversaciones sin esfuerzo y divertirse también puede empeorar las cosas.

Los introvertidos saludables preferirán sinceramente y de todo corazón sentarse en casa junto a la chimenea y leer un libro, y esa es la razón por la que no asisten a fiestas. Las personas socialmente ansiosas, por otro lado, no asistirán debido a sus miedos, aunque puedan añorar la experiencia.

Conociendo Nuevas Personas

Como acabamos de mencionar, la ansiedad social hace que sea increíblemente difícil acercarse a las personas e iniciar conversaciones, lo que hace que conocer gente nueva sea una tarea ardua. Lo que pasa con los introvertidos, incluso los socialmente ansiosos, es que es posible que ya tengan un par de amigos cercanos, especialmente si son amigos de la infancia, y todavía luchan por conocer gente nueva. Por eso, el hecho de que tenga algunos amigos no significa que no sea socialmente ansioso o introvertido.

Conocer gente nueva es difícil para las personas socialmente ansiosas tanto como una perspectiva y como una realidad cuando sucede. Algo con lo que los introvertidos saludables no deberían tener problemas es que un desconocido se acerque y entable una conversación con ellos. Cuando padece ansiedad social, la interacción es estresante incluso cuando la otra persona inicia el contacto y rompe el hielo. Puede comenzar a sentir los síntomas y luego comenzar a preocuparse de que la persona se percate de que algo anda mal en usted, y las cosas pueden salirse de control en poco tiempo. Conocer gente nueva es difícil para las personas socialmente ansiosas tanto como una perspectiva y como una realidad cuando sucede.

Dar un discurso

Dar un discurso es una pesadilla para muchas personas y puede ser estresante incluso para los extrovertidos, dependiendo de la situación y de la importancia del discurso. A los introvertidos no les agrada ser el centro de atención en las reuniones, y ciertamente prefieren mantenerse al margen mientras otros hablan en público. Para las personas socialmente ansiosas, por otro lado, dar un discurso es un escenario que probablemente más parecido al infierno.

Es lamentable que muchas personas normales no comprendan a los introvertidos, mucho menos a los que padecen ansiedad social. En entornos como bodas u otras reuniones familiares, los introvertidos a veces son presionados por otros a situaciones en las que deben hablar. Sin embargo, el problema es que la mayoría de las personas no son oradores talentosos y, por lo general, intentarán evitar ese papel de forma predeterminada, por lo que no implica necesariamente que la ansiedad social esté en juego.

Sin embargo, las personas normales podrán improvisar y no encontrarán la posibilidad de la vergüenza tan aterradora como las personas socialmente ansiosas. Como tal, si simplemente es renuente pero aún no comienza a sentir náuseas, mareos o pánico, es solo su introversión.

Transporte Público y Elevadores

El transporte público es un arma de doble filo cuando se trata de ansiedad social. Es difícil determinar qué es peor: cuando el tren o el autobús está absolutamente repleto de desconocidos o cuando solo está usted y una o dos personas más, lo que aumenta las posibilidades de que llame su atención.

El transporte público puede estar muy concurrido, por lo que es natural sentirse molesto cuando su espacio personal está siendo invadido y cuando se siente físicamente incómodo. Los introvertidos habituales lidiarán con estas condiciones ignorando el mundo a través de auriculares y música o leyendo un libro. Sin embargo, la ansiedad social puede hacer que incluso eso sea difícil, ya que la sensación de ser observado o juzgado a veces puede ser lo suficientemente intensa como para romper sus intentos de distracción.

Los ascensores son otra área problemática cuando padece ansiedad social. La ventaja es que el viaje en elevador generalmente termina muy rápido, pero el espacio confinado del elevador puede generar momentos bastante incómodos cuando se encuentran allí con solo otra persona. Una vez más, un introvertido común podrá mantenerse solo durante unos segundos y seguir con sus asuntos; sin embargo, con ansiedad social, ese corto viaje en ascensor puede ser increíblemente estresante y mentalmente agotador.

Oficinas Abiertas

Los introvertidos tienden a sentirse más cómodos en trabajos en los que pueden trabajar solos durante períodos prolongados o al menos se les otorga una oficina propia donde pueden retirarse. Las oficinas de planta abierta restringen severamente la privacidad, por lo que este puede ser un entorno muy agotador para un introvertido, especialmente cuando también hay que lidiar con la ansiedad social.

Sin embargo, ¡la capacidad del cerebro humano para adaptarse a una rutina es bastante impresionante! Si una rutina es lo suficientemente sólida y predecible, incluso una persona socialmente ansiosa puede acostumbrarse a un entorno como este. Si siempre están las mismas personas alrededor, con las mismas condiciones y el mismo tipo de trabajo e interacción, es posible que se acostumbre después de un tiempo y funcione normalmente en el trabajo. Tan pronto como se encuentre en una nueva situación o haya un cambio repentino; sin embargo, su ansiedad podría volver a aparecer.

Debido a esto, no debe confundirse si se encuentra hablando con sus compañeros de trabajo y trabajando con ellos sin problemas, pero posteriormente no interactúa con la gente en un bar o en algún otro lugar similar. Es más, los introvertidos pueden volverse increíblemente comunicativos y sociables una vez que se acostumbran a un círculo de personas, hasta un punto en el que, cuando se les observa de cerca, parecen extrovertidos.

Llamadas Telefónicas

Los brotes de ansiedad social no son exclusivos de las interacciones cara a cara. Hacer llamadas telefónicas es algo que a la mayoría de los introvertidos no les agrada, excepto cuando es con alguien con quien se sienten completamente cómodos. Sin embargo, la ansiedad social dificulta las llamadas telefónicas en un nivel completamente nuevo, especialmente cuando la llamada es importante o involucra a un desconocido.

Las personas normales pueden hablar por teléfono mientras hacen otras cosas en la casa o incluso mientras trabajan. Sin embargo, con ansiedad social, su mente no podrá concentrarse en otra cosa que no sea la llamada telefónica, y se sentirá congelado en su lugar o paseará nerviosamente por la habitación todo el tiempo. Los síntomas físicos de ansiedad y toda la incomodidad que conllevan pueden aparecer. Puede comenzar a tener dificultad para respirar y su voz puede comenzar a temblar.

Como de costumbre, cuando ocurren esos síntomas, habrá una alta posibilidad de que la otra persona se percate de que algo anda mal, empeorando aún más la ansiedad. Para las personas con ansiedad social, la única ventaja de las llamadas telefónicas es que, por lo general, se pueden interrumpir rápidamente. Aparte de eso, para muchos enfermos de TAS, las llamadas telefónicas son tan estresantes como las interacciones personales. Además, la telefonofobia es una fobia que existe, y es exactamente lo que se imagina. El miedo a hacer llamadas telefónicas y el miedo a la interacción social pueden esencialmente hacer que las llamadas telefónicas sean la forma de interacción más aterradora para algunos introvertidos.

Sorpresas

Las sorpresas, en particular aquellas que conllevan situaciones e interacciones sociales, son un gran enemigo de muchos introvertidos, especialmente los socialmente ansiosos. Las cosas que rompen las rutinas y causan trastornos que pueden conducir a situaciones inesperadas y personas inesperadas pueden ser aterradoras. Estas sorpresas pueden conllevar grandes cambios en el entorno laboral, por ejemplo, en cuyo caso están ahí para quedarse, pero también pueden presentarse en forma de situaciones más triviales como fiestas sorpresa.

Como puede imaginar, una situación social repentina e inesperada no es algo que se sepa que disfruten los introvertidos, y mucho menos cuando luchan con la ansiedad social. Si alguna vez le han organizado una fiesta sorpresa o ha experimentado algo similar, debe saber cómo le hizo sentir. Los extrovertidos sabrían inmediatamente cómo actuar y probablemente estarían felices de recibir tal atención, pero la introversión y la ansiedad social pueden provocar una respuesta de pánico.

Por supuesto, el principal problema con estas situaciones está en ser el centro de atención de todos en el lugar. Como de costumbre, ese tipo de atención es el mayor temor de una persona socialmente ansiosa. Aun así, las fiestas sorpresa pueden tener un efecto diferente en algunos casos. Para algunas personas, la ansiedad social es peor cuando se anticipa una situación social y cuando tienen mucho tiempo para obsesionarse con ella y pensar en un millón de escenarios negativos. Una fiesta sorpresa puede ocupar su mente de inmediato y no darle tiempo para pensar, lo que puede ser bueno con la ansiedad social.

Escrutinio

Cualquier tipo de escrutinio puede resultar difícil para las personas con ansiedad social, especialmente en público. Por lo tanto, cosas como las entrevistas de trabajo son muy difíciles para las personas introvertidas. Tampoco se trata solo de temer al escrutinio en sí. Puede terminar teniendo miedo de mostrar síntomas de ansiedad mientras lo examinan, incluso si confía en su conocimiento, habilidad o competencia.

Por ejemplo, las personas con ansiedad social a menudo tienen miedo de escribir frente a otras personas. Tienen miedo de que su mano comience a temblar y que la otra persona lo note. Es una de esas situaciones en las que la ansiedad y el miedo a esa ansiedad se alimentan y forman un ciclo estresante. Existen muchos otros ejemplos similares, algunos de los cuales probablemente haya experimentado en algún momento. Por lo tanto, las personas socialmente ansiosas pueden fallar donde no deberían.

Por ejemplo, pueden estudiar durante mucho tiempo y estar bien preparados para un examen, pero la insoportable incomodidad del escrutinio puede hacer que no pasen el examen. Es por eso que terminan sin obtener trabajos para los que están calificados o un ascenso que se merecen. Es injusto y equivale nada menos que a que le arrebaten todas las cosas buenas de la vida.

Vergüenza

Por último (pero no menos importante), la vergüenza, particularmente en público, es algo que es muy difícil de controlar para los introvertidos, ¡y mucho menos para los socialmente ansiosos! Como se mencionó anteriormente, en la mayoría de los casos de trastorno de ansiedad social, el miedo a la vergüenza es la esencia misma de la afección.

Ciertamente, todo el mundo puede sentirse avergonzado o humillado, pero la diferencia entre la gente normal y las personas con ansiedad social es que la primera no pasa mucho tiempo pensando en la posibilidad de la vergüenza, mientras que la segunda sí. La posibilidad de sentirse avergonzado suele ser lo primero que le viene a la mente a una persona socialmente ansiosa cuando considera una posible situación social en la que podría involucrarse. El miedo es el factor más decisivo que le hace evitar situaciones sociales o le llena de dudas.

Capítulo Cinco: Cómo Funcionan los Desencadenantes Psicológicos

Por supuesto, la ansiedad social no surge de la nada. Ya mencionamos uno o dos aspectos sobre la causa del trastorno en sí, pero ahora veremos qué sucede en su cerebro cuando ocurre un ataque de ansiedad individual. Este capítulo trata sobre comprender mejor su propia mente, además de conocer más sobre qué es la ansiedad social y cómo funciona.

También enumeramos varias situaciones potencialmente desencadenantes y cómo las personas introvertidas y socialmente ansiosas podrían reaccionar ante ellas. Estas situaciones pueden considerarse como desencadenantes psicológicos que conducen a arrebatos de ansiedad, pero ¿por qué y cómo sucede eso? ¿Qué es lo que está haciendo mal su mente y cómo puede empezar a arreglarlo? La verdad es que su mente e instintos están haciendo lo que fueron diseñados para hacer, pero lo están haciendo en el momento equivocado y en las circunstancias equivocadas.

Otro aspecto que veremos es el concepto de desencadenantes psicológicos en relación con cosas como el estrés postraumático. Esta puede ser otra fuente de ansiedad social y de cualquier otro tipo, por lo que es otro tema importante para discutir ya que lo ayudará a comprender la ansiedad aún mejor.

El Funcionamiento Interno de la Ansiedad

Como mencionamos, su ansiedad es una respuesta de miedo que se vuelve crónica y gira en torno a objetos de miedo en su mayoría abstractos. Puede considerar su ansiedad como un mal funcionamiento de sus mecanismos naturales de supervivencia que, de otro modo, son útiles y necesarios. Es como si tuviera un importante y sofisticado sistema de alarma en su casa, que, desafortunadamente, suena todo el tiempo, a todo volumen sin ningún motivo, volviéndole loco.

Cuando funciona como debe, se supone que su respuesta de huida o lucha le estresa, pero eso es solo por un tiempo y porque está destinado a darle un impulso temporal para ayudarle a escapar o luchar contra la amenaza. Esto es algo que prácticamente todos los animales tienen de alguna forma. Es posible que se sienta inclinado a pensar que las fallas de este sistema, como la ansiedad, son exclusivamente humanas, pero eso no es cierto. Los animales pueden estar traumatizados, por ejemplo, haciendo que recuerden el trauma y experimenten una ansiedad severa cada vez que se lo recuerden.

Además, tome el ejemplo de un perro que estaba demasiado protegido y no expuesto adecuadamente al mundo como un cachorro. Estos perros a menudo crecerán ansiosos y temerosos en todos los entornos y situaciones desconocidos. No somos muy diferentes en ambos ejemplos. Nuestras ansiedades, sociales o de otro tipo, a menudo pueden estar vinculadas a traumas pasados que vuelven cada vez que se activa la memoria estresante internalizada, como veremos más adelante con un poco más detalle. Además de eso, cuanto más nos aislemos del mundo, peores serán nuestras inseguridades y ansiedades. Los niños que tienen problemas para socializar o están demasiado protegidos, por ejemplo, a menudo desarrollarán ansiedad social o una variedad de otros problemas de comportamiento. Por supuesto, como ya sabrá, estas cosas son solo algunas de las posibles causas de ansiedad. La dificultad de identificar la causa real subyacente es realmente una de las características de la ansiedad, para empezar.

Sin embargo, tenemos una comprensión bastante detallada del funcionamiento interno de la ansiedad y del proceso involucrado. Como de costumbre, su cerebro actúa primero y posteriormente el cuerpo lo sigue. Como la mayoría de las cosas, la ansiedad y el miedo tienen partes específicas del cerebro que son responsables de regularlos. Sabemos esto gracias a la tecnología de imágenes cerebrales y nuestra comprensión de los neuroquímicos y lo que hacen. En pocas palabras, las dos partes de su cerebro que suelen estar en el epicentro de casi todos los trastornos de ansiedad son la amígdala y el hipocampo.

Estas partes de su cerebro poseen roles que son muy importantes y se extienden mucho más allá de sus simples respuestas al miedo. Su amígdala, ubicada en lo profundo de su cerebro, es como una intersección o centro de comunicaciones. Las partes de su cerebro que registran y procesan las señales sensoriales y las partes que dan sentido a esas señales usan la amígdala para comunicarse entre sí. Al estar en tal unión, la amígdala está en condiciones de detectar aquellas señales que pueden interpretarse como amenazantes.

Como tal, la amígdala puede poner su cerebro en alerta y provocar una respuesta de miedo cuando sea necesario. Su amígdala también puede almacenar recuerdos que son de naturaleza emocional, como apegos o asociaciones entre ciertas cosas que ha experimentado. Por lo tanto, se cree que la amígdala desempeña un papel en todo tipo de cosas relacionadas con el miedo, incluidos los trastornos de ansiedad y las fobias.

Por otro lado, el hipocampo se ocupa específicamente de memorizar e internalizar eventos y experiencias en las que fue amenazado o se sintió como tal. El papel del hipocampo en aspectos como flashbacks, traumas, estrés postraumático y problemas similares aún se está estudiando. Hasta ahora, los investigadores han logrado confirmar que el hipocampo en personas que fueron expuestas a abusos cuando eran niños o que han participado en una guerra es más pequeño. No es el caso el 100% de las veces, pero existe una fuerte correlación, como lo describe el Instituto Nacional de Salud Mental.

Sin entrar en demasiados detalles científicos, otra cosa que debe tener en cuenta es el papel de los neuroquímicos en el proceso detrás de su ansiedad. Cuando su mente y cuerpo entran en su modo de huir o luchar, su cerebro aumentará la producción de sustancias químicas orgánicas como la norepinefrina y hormonas como el cortisol. El cortisol es especialmente famoso y se le conoce comúnmente como la hormona del estrés.

Ambas sustancias son completamente naturales y normales, ya que su función es brindarle aumentos importantes en situaciones potencialmente mortales. Su propósito es hacer que esté alerta, ágil y estimulado en general. Esto es lo que conduce a todos esos síntomas fisiológicos de los que hemos hablado, como un aumento de la frecuencia cardíaca y una respiración irregular. En este estado, su cuerpo y su mente ignorarán o cerrarán por completo muchos otros procesos para que ambos puedan concentrarse en una tarea simple, que es mantenerlo con vida.

En su caso, su mente se ha convencido de que es la amenaza de la humillación y la vergüenza lo que pone en peligro su vida, por lo que actúa en consecuencia. Tanto su mente como su cuerpo están haciendo lo que se supone que deben hacer, pero lo están haciendo por la razón equivocada, y ese es el núcleo del problema. Así surge la ansiedad y cómo funciona. La causa es una cosa, pero también existen factores desencadenantes, como los que hemos comentado en el capítulo anterior. También existen desencadenantes que pueden ser más personales e internalizados, en lugar de completamente externos.

Desencadenantes Psicológicos

Los desencadenantes psicológicos son algo que a menudo puede ser lo que pone en movimiento la ansiedad de un individuo. Los desencadenantes en sí mismos generalmente tienen una causa subyacente, como un trauma, por lo que realmente no pueden ser la causa de la ansiedad social por derecho propio. Sin embargo, pueden proporcionar la chispa que provoca una respuesta ansiosa, que, a su vez, puede conducir a una ansiedad exacerbada provocada por el miedo a estos desencadenantes.

Un desencadenante psicológico puede presentarse de muchas formas, incluidos olores, imágenes, sonidos u otras cosas que pueden desencadenar una respuesta traumática. Por lo tanto, los desencadenantes generalmente se asocian con cosas como el trastorno de estrés postraumático o TEPT. Estos desencadenantes son recordatorios y hacen emerger la memoria interiorizada y el miedo a un trauma que ha ocurrido en el pasado. Tales recordatorios de experiencias traumáticas suelen provocar ansiedad, ataques de pánico o al menos una intensa sensación de pavor. En casos más extremos, la víctima también puede experimentar flashbacks.

Estos vívidos estallidos de recuerdos involuntarios y precisos pueden sentirse como si la persona estuviera reviviendo el evento traumático nuevamente. Los flashbacks pueden conducir a una disociación completa, aunque temporal, del entorno y de la realidad actual. Las personas que experimentan flashbacks pueden "perder" el tiempo o desorientarse por completo durante un tiempo. Como tal, la ansiedad puede ser solo uno de los síntomas, y cuando tales respuestas ocurren en situaciones sociales, las personas traumatizadas pueden confundirse con simplemente estar socialmente ansiosas cuando, de hecho, el problema es aún más profundo.

Estos desencadenantes pueden incluir las cosas más simples e inofensivas, si estas cosas pueden, de alguna manera, sacar a relucir un trauma pasado. A veces, la respuesta también puede producirse como resultado de demasiado estrés, en cuyo caso el desencadenante ni siquiera es externo. Como probablemente pueda imaginar, un ejemplo simple de uno de estos factores desencadenantes puede ser un olor que la víctima ha olido durante el evento traumático. Un veterano de guerra, por ejemplo, puede ser provocado por el olor a pólvora. Realmente puede haber un millón de desencadenantes diferentes en un millón de historias personales de trauma diferentes.

Todavía no sabemos todo sobre cómo y por qué nuestras mentes internalizan y responden a estos factores desencadenantes de la forma en que lo hacen. Algunos creen que, una vez más, todo se remonta a nuestra respuesta de lucha o huida en situaciones percibidas como amenazantes. Lo más desconcertante sobre el trauma, los desencadenantes y todas estas otras cosas es que diferentes personas pueden verse afectadas de manera diferente por las mismas cosas. No todos los que fueron abusados cuando eran niños soportarán el trauma, algunas personas regresan de la guerra casi sin cambios, y algunas, aunque están traumatizadas, no necesariamente se desencadenarán ni estarán ansiosas.

Mencionamos anteriormente que su mente y cuerpo ignorarían varios procesos que no son esenciales para la supervivencia cuando surge una situación de huida o lucha. Uno de estos procesos es la formación de sus recuerdos a corto plazo. Aquí se encuentra una de las teorías sobre cómo funcionan los desencadenantes psicológicos. Es decir, es posible que su cerebro pueda tomar una experiencia traumática en curso y almacenarla en el archivador equivocado, por así decirlo.

En lugar de colocar este evento en la categoría de eventos pasados que se convierten en recuerdos regulares, como la vez que fue a la playa, su cerebro puede clasificar el evento como una amenaza continua. Como tal, cada recordatorio (desencadenante) traerá esa experiencia de vuelta a la superficie, incluso años después, y su cerebro será engañado para que piense que está sucediendo nuevamente. Su mente y cuerpo volverán a entrar en el modo de huir o luchar, y se apagará y no podrá controlar su ansiedad o pánico absoluto.

Puede imaginar cómo se desarrolla esto en el contexto de la ansiedad social. Si un trauma pasado gira en torno a la humillación pública, la intimidación o algo similar, no es difícil notar cómo las situaciones sociales más públicas podrían actuar como desencadenantes.

Otro aspecto que los expertos han estado analizando es el componente sensorial de los desencadenantes. Cosas como imágenes, sonidos, aromas y sabores son algunos de los bloques de construcción más fuertes para los recuerdos. Como tal, los recuerdos más intensos y vívidos suelen ser aquellos que incluyen estímulos sensoriales, especialmente el olfato y el gusto. Estos recuerdos también son los más fáciles de recordar, por lo que un detonante que involucre estos sentidos puede ser increíblemente poderoso.

Si alguna vez ha experimentado la aparición de recuerdos que pueden suceder cuando prueba un plato determinado u huele algo, entonces ha visto este mecanismo en funcionamiento. Su cerebro simplemente está programado para tomar nota especial de esa información sensorial, y eso entra en juego durante eventos regulares y traumáticos por igual.

Otro aspecto sobre estos desencadenantes sensoriales es que pueden funcionar solos, independientemente del contexto. Puede encontrarse en una situación que es completamente diferente a aquella en la que ocurrió el evento traumático, pero si siente el aroma detonante, por ejemplo, será suficiente para provocar una reacción.

Como tal, estos disparadores sensoriales también pueden ser bastante *sigilosos*. Es posible que se sienta ansioso o emocional incluso antes de darse cuenta de lo que está sucediendo y por qué, y es posible que ni siquiera note el aroma o lo conecte con lo que está sintiendo. Sin embargo, su cerebro nota estas cosas y, a menos que sepa escuchar, puede ser difícil llegar a la raíz del problema.

Lo que es particularmente complicado de todo esto es que tales desencadenantes pueden conducir a episodios que pueden malinterpretarse como ansiedad social. Por ejemplo, un desencadenante sensorial de un trauma pasado puede ocurrir mientras se encuentra en una situación social, lo que lleva a un brote de ansiedad o un ataque de pánico, incluso si el trauma no tiene nada que ver con situaciones sociales. Interactuar con personas en ese estado será difícil, por supuesto, por lo que podría parecer ansiedad social.

Las formas en que puede lidiar con estos detonantes son tan variables como los desencadenantes y sus causas. Si sus desencadenantes tienen que ver con socializar o si alberga traumas pasados asociados con situaciones sociales, entonces los métodos que discutiremos a lo largo del resto de este libro pueden ayudarlo. Sin embargo, como acabamos de comentar, los desencadenantes psicológicos pueden estar vinculados a diversas experiencias que no tienen que ver con socializar. En esos casos, podría ser una buena idea buscar ayuda profesional, especialmente si tiene dificultades para identificar la fuente de estos factores desencadenantes en primera instancia.

Especialmente debe acudir a un profesional si tiene motivos para creer que podría estar sufriendo de TEPT; es una afección muy grave que puede provocar una amplia gama de complicaciones, incluida una crisis nerviosa completa o incluso la muerte. La curación del TEPT puede ser un viaje largo y doloroso que requerirá no solo la ayuda de profesionales, sino también la de sus seres queridos.

Eso es lo que son los desencadenantes psicológicos y cómo funcionan, particularmente en el contexto del trauma, el estrés y la ansiedad. No es algo con lo que nadie deba tener que vivir, y ciertamente no es un problema que deba evitarse o solucionarse. Si ciertas cosas le provocan reacciones de ansiedad o pánico, debe abordar el problema en lugar de simplemente evitar el desencadenante. Por supuesto, si las reacciones son extremas, entonces la exposición total y abrupta no es el camino a seguir, pero la exposición gradual y el acondicionamiento generalmente serán parte del tratamiento en tales casos.

Capítulo Seis: Pensamientos Negativos – Identificarlos e ignorarlos

Como indudablemente ya se habrá dado cuenta, la ansiedad social se basa en gran medida en un ciclo de pensamientos negativos que generalmente son irracionales y hacen poco más que hacer que su mente se acelere y sus pensamientos se nublen. Aunque algunas de las preocupaciones que preocupan a las personas con TAS son universales, estos pensamientos negativos suelen variar de un individuo a otro. Un paso importante para vencer su ansiedad social será identificar sus pensamientos negativos y sus patrones mentales que conducen a una espiral descendente de ansiedad. Entonces tendrá que aprender cómo liberarse de estos pensamientos y, mejor aún, reemplazarlos por otros positivos.

Ya hemos mencionado brevemente la importancia de pensar positivamente, pero, en este capítulo, entraremos en más detalles sobre cómo exactamente puede categorizar el contenido de su mente y eliminar los pensamientos preocupantes. Volver a programar su cerebro de esta manera puede implicar mucho trabajo, y tiende a ser más difícil de lo que muchas personas anticipan, pero todas las personas que no padecen una enfermedad mental grave tienen la capacidad de controlar sus pensamientos y volver al asiento del conductor, y usted también puede lograrlo.

Comprender e Identificar Patrones de Pensamiento Negativos

Los pensamientos negativos pueden resultar extrañamente atractivos para una mente que está acostumbrada a ellos. Es más, cuando se deja llevar por ciertos pensamientos negativos durante un tiempo, pueden crecer fácilmente y empeorar con el tiempo. Debido a que nuestros cerebros responden naturalmente a los patrones, a veces tienen una forma extraña de enredarse en patrones de pensamiento negativo. Así es como sus pensamientos pueden girar incontrolablemente y conducir a un colapso total de la razón durante un episodio de ansiedad.

Es posible que se acostumbre tanto a estos pensamientos que llegue a un punto en el que ni siquiera sepa que los pensamientos que tiene son negativos y perjudiciales para usted. Por lo tanto, el primer paso es aprender a identificar los pensamientos negativos y encontrar los patrones en su pensamiento que deben ser tratados.

Después de un tiempo de vivir con baja autoestima y profundizar constantemente en pensamientos negativos, es probable que también desarrolle pensamientos negativos automáticos. Estos son pensamientos que se asemejan más a una especie de reflejo de autocrítica que se produce cada vez que se piensa en una posible situación social. Por ejemplo, si, al ser invitado a una fiesta, lo primero que le viene a la mente es que se burlarán de usted o que simplemente se avergonzará, entonces está atrapado en un ciclo de pensamientos negativos automáticos. Esto suele ser el resultado de una ansiedad social prolongada que no se controla.

Este tipo de pensamiento puede convertirse rápidamente en una rutina, ya que su mente no hace más que reconocer patrones y sentirse cómoda en una rutina. Se subestima el grado en que sus pensamientos pueden influir y moldear sus sentimientos y su vida, en general. Eso se aplica tanto a los pensamientos conscientes como a los más involuntarios y automáticos.

Dado que están tan profundamente arraigados e involuntarios, sus pensamientos automáticos pueden ser bastante esquivos, por lo que identificarlos puede requerir algo de trabajo. Una de las formas de lograrlo es escribir tantos pensamientos como pueda, especialmente aquellos que tienen que ver con la imagen que usted tiene de sí mismo y la opinión que tiene de sí mismo. El contenido de nuestra mente tiende a verse muy diferente cuando lo ponemos en papel; en el papel, podemos echar un vistazo más objetivo e inspeccionar esa información con más imparcialidad.

Debe intentar hacer esto sobre la marcha, escribiendo los pensamientos precisamente cuando suceden en lugar de sentarse por la tarde y tratar de recordar los pensamientos. Puede usar su teléfono o un pequeño cuaderno para este propósito y simplemente escribir lo que se le ocurra en notas simples. A medida que escribe, es probable que tenga aún más pensamientos en su cabeza y, debido a que estará escribiendo, todos ellos aparecerán más claros. No se concentre demasiado en juzgar estos pensamientos o pensar en ellos. Por lo general, es incluso mejor si simplemente las escribe y posteriormente analiza las notas más tarde.

Es posible que se sorprenda al saber cuánta negatividad hay en sus pensamientos y cuán rápido es para complacerlos. Con la ansiedad social, su mente se verá inundada por pensamientos negativos en situaciones sociales normales, no solo situaciones en las que se sienta avergonzado o experimente algún tipo de falla. Este hábito de saltar rápidamente a un torbellino de negatividad se conoce como "sesgo de negatividad" por muchos neurocientíficos y psicólogos.

Y eso es precisamente lo que es: simplemente tiene un sesgo hacia el lado negativo de las cosas, y eso es lo que necesita cambiar o al menos controlar. Lo que pasa con su sesgo de negatividad es que es natural hasta cierto punto, una vez más se remonta a los instintos de supervivencia de nuestros días de cavernas. La suposición del peor de los casos fue útil y les salvó la vida a nuestros antepasados en la naturaleza, pero en estos días, puede ser una molestia. Por supuesto, los problemas reales comienzan cuando el sesgo de negatividad llega al extremo.

Todo este proceso fue descrito en detalle por Rick Hanson, un neurocientífico y autor de <u>Buddha's Brain.</u> En este libro, Hanson describe la propensión de su mente a concentrarse en lo negativo sin tener en cuenta las experiencias positivas. Cuando tiene aún más experiencias negativas que la persona promedio, lo que está casi garantizado con la ansiedad social, su cerebro eventualmente se obsesionará con su enfoque en el lado negativo de todo.

Patrones Comunes de Pensamiento Negativo

Los patrones y ciclos de pensamiento intensamente negativo pueden variar mucho de una persona a otra, pero algunos patrones son universales y la mayoría de las personas ansiosas los experimentan en algún momento. Es probable que se identifique con la mayoría, si no con todos, si padece ansiedad social. Sin embargo, incluso sin ansiedad, muchas personas pueden seguir cayendo en estos patrones al menos durante un tiempo en algún momento de sus vidas.

Un ejemplo de un patrón de pensamiento negativo es lo que se puede denominar hostilidad cínica. Este es especialmente característico de la ansiedad social e incluso de la mera introversión. Como puede haber deducido del término en sí, esta es una actitud de profunda desconfianza y hostilidad, ya sea interna o expresada, hacia otras personas. Esto tiende a suceder cuando una persona pasa suficiente tiempo con desdén por la interacción social o ha acumulado suficientes experiencias negativas.

Por supuesto, la parte problemática es que estas experiencias negativas podrían haber ocurrido debido a la ansiedad social de la persona. Esto significa que la experiencia negativa podría no haber sido culpa de otras personas o, en algunos casos, incluso real. La ansiedad social ciertamente puede generar ansiedad y convertir una interacción en un recuerdo desagradable, incluso si no sucede nada particularmente problemático. La simple sensación de ansiedad puede ser suficiente para crear un fuerte disgusto por las personas, incluso cuando la interacción se desarrolla objetivamente bien.

La hostilidad cínica le hará ver lo peor de las personas y siempre asumir que están haciendo o planean hacer algo en su contra. Es característico de los cínicos hostiles asumir que la otra persona está tratando de engañar o mentir de alguna manera, y la suposición de que el cínico está siendo juzgado también es omnipresente. En casos graves, las personas pueden comenzar a proyectar esto incluso en sus seres queridos y en las personas con las que han estado cerca durante años.

Esto puede arruinar las relaciones y provocar todo tipo de padecimientos y trastornos emocionales en su vida. Sin mencionar que algunas investigaciones sugieren que existe una correlación entre la hostilidad cínica y los problemas cardíacos más adelante en la vida. Tal vez el peso de mantener la guardia en alto y preocuparse siempre por quién está tratando de herirlo puede agotarlo después de un par de décadas.

La rumia negativa es otra importante, especialmente cuando se considera la obsesión de la ansiedad. La rumia negativa es el equivalente psicológico y mental de una rueda de hámster o un automóvil atascado en el barro. Ejerce mucha energía y le agota, pero finalmente no le lleva a ninguna parte. Este patrón es la introspección y la autorreflexión llevadas al extremo, particularmente al extremo negativo.

Ocurre cuando habitualmente se obsesiona con los aspectos negativos percibidos de sí mismo, reflexionando sobre ellos de manera excesiva y, con mucha frecuencia, repetidamente. También es posible rumiar negativamente hacia afuera, como cuando se obsesiona con escenarios negativos y resultados en situaciones que ni siquiera han sucedido. Lo mismo puede aplicarse a eventos pasados que le han dejado avergonzado. La rumia negativa es cuando no puede dejar de pensar en lo que hizo mal o en lo que podría haber hecho mejor, hasta el punto de volverle casi loco.

Este error mental puede exacerbar su ansiedad y provocar muchos otros problemas como depresión, baja autoestima, cambios de humor, etc. Muy pronto, es posible que se sorprenda pensando demasiado en el hecho de que se siente ansioso y deprimido, lo que puede convertirse en una obsesión en sí mismo.

A continuación, tiene su antiguo pensamiento excesivo. Pensar demasiado también puede tomar la forma de perfeccionismo y, por lo general, conduce a la indecisión, la desgana, el miedo y la ansiedad. En el centro del problema se encuentra la falsa noción de que es posible evitar todos los errores y eliminar todos los riesgos de la ecuación, lo que, por supuesto, es imposible. Es muy probable que esté familiarizado con este patrón de pensamiento.

Mientras que la gente común puede involucrarse sin problemas en situaciones sociales e interactuar sin siquiera pensar en ello, las personas con ansiedad social tienden a obsesionarse con hacer todo bien antes de seguir adelante. Esto solo aumenta la ansiedad y su desgana, a menudo preferirá simplemente alejarse.

Estos son solo algunos de los patrones de pensamiento negativo con los que quizás esté familiarizado. Quizás esté tan acostumbrado a ellos que esta es la primera vez que escucha que este tipo de pensamiento es malo para usted. De hecho, estas trampas mentales pueden parecer engañosamente naturales cuando padece ansiedad, pero en realidad son excesivas y hacen que las cosas sean mucho más difíciles de lo que deberían ser.

Cambiando Su Mentalidad

Una vez que se haya familiarizado con la forma en que funciona su mente e identifique los pensamientos problemáticos que necesita dejar atrás, su siguiente paso es cambiar su forma de pensar y toda su mentalidad hacia lo positivo. No se trata solo de tener un pensamiento feliz cuando se siente mal. El objetivo final es cambiar permanentemente su perspectiva y cambiar su forma de pensar a largo plazo.

Tome los patrones que acabamos de discutir, por ejemplo. Existen métodos que puede comenzar a implementar de inmediato, que realmente pueden alterar su perspectiva y hacer que vea el mundo desde una nueva perspectiva. Si se ha identificado con una hostilidad cínica, debe intentar tomar nota mental de cuándo está teniendo esos pensamientos y tratar de encontrar alternativas. En cierto modo, debes intentar involucrarse en ese patrón y hacer un esfuerzo consciente para reemplazar el pensamiento.

El ejemplo más simple es cuando la gente le hace un cumplido. Una persona cínicamente hostil casi siempre asumirá que existe un motivo oculto en juego y que la otra persona simplemente le está halagando porque quiere algo. Por supuesto, ese no suele ser el caso, y un cumplido tiende a ser solo eso: un cumplido. Intente adoptar la misma mentalidad para todo tipo de comportamientos que haya interpretado negativamente en el pasado.

Ponga su juicio y suposiciones negativas a raya, y no deje que sean la primera respuesta automática. Puede hacer esto centrándose en la evidencia o en la falta de ella. Cuando empiece a pensar que la otra persona está conspirando o juzgando a usted, pregúntese si tiene siquiera un poco de evidencia para respaldar esa suposición. Existen muchas posibilidades de que no tenga ninguno. En pocas palabras, debe intentar aplicar el antiguo principio de presunta inocencia.

La rumia negativa es aún más fácil de superar. Dado que es un ciclo de repetición, todo lo que debe hacer es romper ese ciclo tan pronto como note que está surgiendo. No se limite solo a los pensamientos que tienen que ver con su ansiedad social o introversión. Siempre que se encuentre rumiando, no importa de qué se trate, debe romper el ciclo. Todo lo que debes hacer es darle a su mente alguien más con quien jugar, idealmente algo productivo y constructivo. Los pasatiempos creativos son una excelente alternativa a estar sentado y obsesionarse con pensamientos que solo le causan sufrimiento. No importa qué esfuerzo creativo sea o cuán poco calificado sea; el punto es tener la mente ocupada.

También puede simplemente ir a pasear a su perro o ir a la tienda y abastecerse de comestibles o participar en varias otras actividades serviles para mantener sus pensamientos a raya. Sin embargo, las dos cosas que no debes hacer son beber alcohol y comer en exceso solo para anegar su mente. Estas son soluciones inadecuadas que casi siempre harán más daño que bien.

En cuanto a pensar demasiado, el cliché de que debe hacerlo sin duda es cierto. Eso no quiere decir que no deba pensar en sus acciones en absoluto, ni mucho menos, pero el tiempo que invierte pensando debe reducirse. Especialmente debe reducir ese tiempo cuando se trata de tomar acciones inofensivas como hablar con la gente. Es natural pasar un tiempo pensando antes de tomar decisiones importantes en la vida, por supuesto, pero pensar en un millón de escenarios y resultados (negativos) antes de comenzar una conversación con un desconocido en el parque prácticamente no tiene ningún propósito. Además, lo único que debe darse cuenta e internalizar por completo es que está correcto equivocarse y que incluso si se avergüenza, las consecuencias serán objetivamente inofensivas.

De lo que estamos hablando es de algo parecido al enfoque de "aviso-cambio-cableado". Esta es una estrategia bastante simple para ayudarle a reconfigurar su cerebro y cambiar su enfoque hacia el lado positivo de las cosas. Esta es una estrategia bien desarrollada y probada que ha estado en proceso durante mucho tiempo y ha evolucionado durante años.

Básicamente, el primer paso consiste en notar ese sesgo de negatividad en su mente. Como hemos comentado, se trata de sorprenderte en el acto. Probablemente se necesite algo de práctica para alcanzar este nivel de conciencia, pero ciertamente es factible. Asegúrese de utilizar los consejos que discutimos, como escribir sus pensamientos, al menos al principio.

El paso de "cambio" incluye todos esos cambios de pensamiento que hemos mencionado. Sin embargo, en general, si está tratando de escapar de la negatividad general lo más rápido posible, un enfoque recomendado es utilizar la gratitud. De hecho, solo pensar en al menos una cosa por la que esté agradecido en su vida puede conectarse ahora y poner sus pensamientos obsesivos y negativos en una perspectiva más manejable. Debe recordar que siempre existe algo. Incluso si está en quiebra, es posible que aún conserve su salud. Y si está enfermo, probablemente tenga a sus padres. Si mira lo suficiente, siempre habrá algo.

El último paso que tiene que ver con el "recableado" es la clave y el objetivo final de todo el proceso. Eso es lo que esencialmente estará haciendo: recablear su cerebro y cambiar sus hábitos. Todos los esfuerzos que acabamos de comentar se pueden realizar sobre la marcha e integrarlos en su rutina diaria. Todo lo que debe hacer es recordar incorporarse al presente, ser más consciente de sus pensamientos y ponerse a trabajar reemplazando los no deseados para deshacerse de este peso muerto. El ejercicio que discutiremos en el próximo capítulo también puede ser útil en ese sentido.

Capítulo Siete: Cómo la Atención Plena Puede Ayudar con la Ansiedad Social

Cuando se trata del lado cognitivo de vencer su ansiedad social, la atención plena puede ser una herramienta indispensable. Después de todo, la atención plena en sí misma tiene que ver con la cognición y la forma en que piensa. En los términos más simples, la atención plena implica estar realmente presente y comprometido con el momento en el que se encuentra. Es un ejercicio mental que le ayuda a racionalizar sus pensamientos, calmar el ruido mental y, en última instancia, tranquilizar su mente. Es esencialmente un ejercicio de meditación, pero no permita que eso lo desanime, ya que no es un ejercicio complicado o particularmente avanzado y puede ser realizado por personas no profesionales sin ningún problema.

El valor de la atención plena para combatir la ansiedad social radica en que está destinado a despejar la mente y agilizar sus pensamientos, bloqueando el ruido mental que induce la ansiedad y que causa su problema. Si bien puede luchar en otros frentes para aumentar su confianza y cambiar su perspectiva de negativa a positiva, por ejemplo, la atención plena puede ser una herramienta adicional para ayudarlo a controlar su mente para una mayor conservación. En este capítulo, analizaremos en detalle qué es realmente la atención plena y cómo puede usarla para combatir la ansiedad social.

¿Qué Es la Atención Plena?

En términos prácticos, la atención plena es un proceso que es de naturaleza meditativa y se enfoca en cambiar su atención de cierta manera. De esa manera es hacia cada momento presente en el que se encuentre, sin preocuparse por los escenarios futuros o pensar en los pasados. El objetivo es ayudar a una mente confusa a aclararse, eliminar el ruido de fondo y concentrarse intensamente en lo que está a la mano sin juzgar. La meditación a consciencia o las actividades de atención plena se pueden infundir en todo tipo de cosas cotidianas que de otra manera serían serviles, como respirar, comer, caminar, etc.

Ciertamente, estar "presente" puede parecerle como un objetivo de naturaleza bastante abstracta, pero las recompensas que se obtienen al alcanzar ese estado son las que buscará. Estos pueden incluir reducción del estrés, equilibrio emocional, resistencia emocional y mental, claridad mental, calma, concentración, concentración e incluso beneficios físicos. Como ya puede notar, muchas de esas cosas se traducen en su lucha contra la ansiedad social. Imagine poder bloquear todos esos pensamientos negativos y silenciar la voz interior que le sigue diciendo que está amenazado. Por lo tanto, la atención plena es útil para detener los síntomas de su TAS.

La atención plena y las prácticas meditativas asociadas se remontan a las tradiciones budistas como el Zen y la Vipassana. Como tal, se ha practicado en las tierras nativas del budismo en Asia durante milenios. La práctica comenzó a ganar terreno y se popularizó en Occidente durante el siglo XX. Como muchas otras prácticas orientales como el yoga y otras formas de meditación, la atención plena es algo que obtiene cada año mayor interés en Occidente.

Ya sea que esta popularidad se deba o no al exotismo percibido, la meditación sin duda ayuda a miles, sino millones, de personas cada año. Además de ayudar con los problemas relacionados con el estrés, la atención plena también se usa para aliviar los síntomas de la depresión e incluso combatir la adicción a las drogas. Además, la atención plena no es algo que solo practiquen las personas en su propio tiempo en Occidente. De hecho, la atención plena se ha utilizado en todo tipo de entornos, desde escuelas y prisiones hasta todo tipo de instituciones mentales.

La época alrededor de 1970 fue una especie de punto clave para la atención plena porque comenzó a recibir más atención de la psicología convencional después de esa época. La investigación realizada sobre el tema desde entonces ha sido bastante extensa, aunque se necesita más.

El éxito y la utilidad de la atención plena para resolver muchos de los problemas que mencionamos anteriormente han sido documentados y puestos a prueba por la ciencia, con resultados muy positivos. Se ha descubierto que la atención plena ayuda a combatir varios problemas mentales al mismo tiempo que ayuda a aliviar algunos problemas más simples como la preocupación excesiva. Algunas investigaciones incluso han sugerido que la atención plena es una herramienta útil para prevenir problemas de salud mental. Habrá que realizarse más investigación en el futuro, pero tal como están las cosas ahora, la atención plena es una técnica probada, al menos en una parte considerable de sus afirmaciones.

Además de hacerse más presente y concentrado, la atención plena también debería ayudarle a ponerse en contacto con sus emociones y a ser más consciente de sí mismo. Debido a que la atención plena se trata de enfocarse en las cosas sin juzgar, no lo llevará a reflexionar sobre pensamientos negativos y a sentirse peor. La idea es ser más consciente únicamente como un medio para conocerse mejor a sí mismo.

También vale la pena mencionar que el proceso y el objetivo final de la atención plena se pueden lograr a través de diversos ejercicios de meditación. Además de ser una práctica, la atención plena también es un estado mental, y los caminos que lo conducirán son varios. Algunas personas incluso contratan entrenadores personales y otros expertos en meditación para guiarlos a través de ejercicios de meditación que pueden ayudar a lograr la atención plena. Aun así, no tiene que hacerlo porque la atención plena puede ser increíblemente fácil de practicar.

La atención plena tampoco le quitará mucho tiempo. Si lo desea, podrá dedicarse a la meditación de atención plena durante unos 40 minutos al día, pero también puede dedicar mucho menos tiempo que eso. Dependerá de usted decidir si desea realizar sesiones de meditación en casa y realmente dedicar ese tiempo y esfuerzo a convertirlo en una rutina o si desea hacerlo sobre la marcha. Como mencionamos anteriormente, la atención plena funciona bien con todo tipo de actividades diarias y puede adaptarse perfectamente a tu vida, que es lo que hace que la atención plena sea tan accesible para todos.

Atención Plena para la Ansiedad

Entonces, ¿cómo hace exactamente para practicar la atención plena, especialmente teniendo en cuenta la ansiedad social? No es mucho más difícil de lo que parece. Es decir, se trata de elegir un objeto de enfoque y luego usar ese objeto para aterrizar en el presente. Este objeto puede ser cualquier cosa, desde su patrón de respiración hasta una conversación que pueda tener con alguien.

Debido a que una de las ideas centrales es el no juzgar, el objetivo es mantener una cierta distancia entre usted y lo que está observando y enfocando, y especialmente entre usted y sus reacciones emocionales. Si desea tomarse un tiempo de su día y disfrutar de una sesión de meditación para lograr la atención plena, no necesitará ningún equipo o experiencia especial. Todo lo que necesita es algo de tiempo y un espacio tranquilo donde no le molesten. Debe elegir un momento del día en el que su horario sea más accesible y colocar su teléfono y otras distracciones similares en otra habitación o apagarlas.

Si desea hacer las cosas más fáciles y más parecidas a la meditación avanzada, puede conseguir un cojín o un tapete suave para sentarse y asumir una postura meditativa. Un ejemplo común es sentarse en el suelo con las piernas cruzadas y las manos descansando completamente relajadas sobre los muslos. Lo importante es estar relajado y cómodo físicamente y minimizar las distracciones. Mantenga la espalda recta y no se encorve, pero tampoco la coloque demasiado rígida. Una vez más, realmente no existe un conjunto de reglas rígidas cuando se trata de la atención plena, y puede funcionar incluso si se sienta en una silla, siempre que se sienta cómodo. La cuestión es que, si es un principiante, sentirse cómodo y preparar las cosas de esta manera puede ser una mejor y más exitosa introducción a la atención plena.

También puede preferir bajar un poco la barbilla y mirar hacia abajo, y también puede cerrar los ojos si lo desea. Cerrar los ojos puede ser útil si es un principiante que tiene dificultades para permanecer concentrado porque cerrar los ojos le impedirá cualquier cosa que pueda hacer que su mente divague. Aparte de eso, no es necesario cerrar los ojos. La ropa que lleva es mucho más importante cuando se trata de comodidad. No debe meditar con sus jeans u otra ropa restrictiva que le recuerde que está ahí. Pruebe con ropa suelta y suave.

La diferencia entre la atención plena y muchos otros tipos de meditación es que su objetivo no es calmarse o incluso desconectar su mente. Una vez más, el objetivo final es simplemente la conciencia en el pleno significado de la palabra. Una vez que se haya posicionado de la manera que prefiera y se haya puesto cómodo, puede comenzar con el trabajo mental real de la atención plena.

El objeto de enfoque más simple que utilizan la mayoría de los principiantes es la respiración. No intente controlar su respiración o respirar de una manera que crea que es correcta. Simplemente continúe respirando como lo haría de otra manera y observe: no influya ni analice nada. Trate de seguir su respiración enfocándose en las sensaciones físicas que crea cada respiración porque esto hace que sea más fácil concentrarse. Concéntrese en cosas como el paso del aire a través de las fosas nasales y los movimientos del diafragma y el pecho.

La idea es intentar entonces mantener su atención únicamente en su respiración durante el mayor tiempo posible. Con la mayoría de las personas, especialmente los principiantes, su atención inevitablemente comenzará a desplazarse hacia otras cosas, generalmente sus propios pensamientos. Cuando esto sucede, no ha fallado, ya que no hay nada en lo que realmente fallar. Simplemente vuelva a centrar su atención en la respiración, pero hágalo gradualmente después de aproximadamente un minuto.

Debe retrasar su reenfoque porque, como mencionamos anteriormente, es importante distanciarse de sus reacciones. Lo mismo ocurre cuando comienza a sentir picazón o le incomoda la pierna. No reaccione a estas cosas de inmediato. Si su mente está particularmente inquieta y sigue divagando, también está correcto. Deshágase de todo juicio y expectativa. Su único objetivo es intentar estar presente mientras observa lo que hace su mente con eso.

Deje que los pensamientos sigan su curso sin analizarlos y luego intente volver a concentrarse en su respiración después de un rato suavemente. No juzgar sus pensamientos o la forma en que reacciona su cuerpo y no tener expectativas de su meditación es más difícil de lo que parece. Sin embargo, después de un tiempo, comenzará a encontrar más fácil mantenerse enfocado por más tiempo, y eventualmente comenzará a sentirse más firmemente arraigado en el momento presente en lugar de estar subyugado a su mente y sus escenarios y obsesiones sobre el futuro o el pasado. Eso es todo lo que hay que hacer cuando se trata de la atención plena.

Atención Plena Sobre la Marcha y Consejos Adicionales

También mencionamos que realmente no es necesario reservar un tiempo específico y hacer de la meditación de atención plena una actividad designada. De hecho, la alternativa es esencialmente meditar sobre la marcha. Como comentamos, la atención plena puede ir de la mano con muchas de las cosas serviles y aparentemente mundanas que realiza a diario. Puede comenzar a practicar la alimentación consciente, hablar, hacer ejercicio, caminar o incluso cepillarse los dientes. Prácticamente no hay límite.

En ese sentido, usará estas cosas como objeto de enfoque, tal como usaría su respiración en el ejercicio que mencionamos anteriormente. Pregúntese con qué frecuencia está pensando en comer mientras come. Es probable que eso suceda muy raramente porque está muy acostumbrado y tiende a hacerlo de forma mecánica. Además de eso, tiene preocupaciones en su mente y, a menudo, su mente vagará hacia esos pensamientos mientras almuerza.

En lugar de revolcarse en sus pensamientos, considere lo que aprendió anteriormente y aplique los mismos principios a su comida. Trate de ser consciente de aspectos como el sabor, la cantidad de veces que mastica o el aroma. Una comida sencilla le brinda muchas más oportunidades de ser consciente que un ejercicio de respiración. En general, trate de ser más consciente de todo lo que hace en la vida diaria y concéntrese siempre en lo que está haciendo en ese mismo momento. Incluso si hace precisamente eso, estará practicando la atención plena. Y esa es la elección que tiene: puede formalizar su ejercicio de meditación y crear un régimen para usted, o puede introducir la atención plena en su vida habitual.

Cuando se trata de la meditación, si continúa teniendo grandes dificultades para evitar que su mente se acelere cuando se sienta a meditar, y si estas dificultades persisten durante mucho tiempo, existen formas de facilitarle las cosas. Algo que puede intentar es acortar sus sesiones de meditación. Mencionamos que puede participar en sesiones de 40 minutos, pero un simple ejercicio de 10 minutos puede funcionar adecuadamente. Cuando sus sesiones son largas y constantes no logra concentrarse, puede resultar difícil no sentir que fracasó, por lo que es mejor meditar en sesiones cortas.

Otra herramienta que conocerán todos los que estén familiarizados con la meditación es un mantra. Como la meditación misma, los mantras ("sonidos sagrados" o "expresiones sagradas") se originan en la India y son una parte integral de muchos ejercicios de meditación. Un ejemplo es el mantra Om. En los términos más simples, este es un canto que los meditadores usan para enfocar su mente y calmar sus pensamientos. La naturaleza del sonido "Om" es tal que puede cantarse durante mucho tiempo y con intensidad variable. Si no está familiarizado con los mantras y no puede entender cómo se escuchan, hay muchas grabaciones de ellos en Internet. Un mantra no es solo un sonido en el que enfocarse y ser consciente; también proporciona una cierta vibración y sensación cuando se canta, lo que puede ayudar a la meditación.

Probablemente ahora pueda entender por qué la atención plena en todo tipo de situaciones puede ser tan poderosa para suprimir su ansiedad social. Un enfoque erróneo tiene mucho que ver con la aparición de la ansiedad en cada entorno, y si practica la atención plena mientras interactúa con las personas, su mente puede estar mucho más tranquila.

También debe recordar que la ansiedad social puede empeorar por factores como el estrés crónico, y debe saber que existen muchos otros ejercicios que puede realizar para reducir ese estrés y dominar mejor su mente en general. Existen muchos cursos de meditación, grupos de ejercicios y entrenadores personales que pueden ayudarle a adentrarse mucho más en el mundo de la meditación. Puede encontrar algo que sea perfecto para usted y pueda ayudarle a cambiar su vida de muchas maneras positivas. También existen cosas como el yoga, por supuesto, que están aumentando constantemente en popularidad en todo el mundo occidental.

Capítulo Ocho: Pánico en Lugares Públicos – Diez Métodos para Ayudarle a Relajarse

Antes de adentrarnos en otras formas en las que puede combatir su ansiedad social a largo plazo, también deberíamos analizar algunos métodos que puede utilizar para intentar controlar sus reacciones en el momento. Aunque la idea detrás de la mayoría de estos métodos es simplemente aliviar los síntomas, el uso repetido de algunos de ellos también podría tener un efecto positivo a largo plazo. De cualquier manera, siempre que logre superar un brote de ansiedad, incluso si es solo por un corto tiempo, se sentirá fuerte y menos indefenso. De hecho, abordar su ansiedad sobre la marcha es una excelente manera de hacerse cargo y sentar las bases para un trabajo psicológico y un mantenimiento más minucioso que llevará a cabo más adelante.

Por supuesto, saber cómo controlar los síntomas al menos cuando surgen también puede hacer que se sienta más seguro de entrar en situaciones sociales futuras y romper un ciclo de evitación. Como ya se mencionó, la exposición y el acondicionamiento gradual son algunos de los aspectos más importantes de la lucha contra el TAS, por lo que esta confianza agregada puede ser un impulso decisivo.

La Racionalidad es su Aliada

Como comentamos, la ansiedad tiene que ver con los miedos irracionales, y el pensamiento racional es de hecho el antídoto. Aun así, una vez que la ansiedad se apodera de usted, puede ser difícil pensar de manera racional y controlar sus pensamientos acelerados, pero siempre debe intentar hacerlo cuando la ansiedad le supere. Dependiendo de cuán severa sea su ansiedad, es posible que no vea ningún resultado tangible las primeras veces que lo pruebe, pero después de un tiempo, probablemente lo domine.

Su primer paso es hacer todo lo posible para intentar darse cuenta de lo que realmente está sucediendo. Considere su reacción de ansiedad y trate de concentrarse en el hecho de que no hay nada que temer realmente y que no está siendo amenazado. Su mente es engañada para que perciba una amenaza que no existe, y está desencadenando su respuesta de huir o luchar sin una buena razón.

Además, los hechos son sus aliados cuando intenta ser racional. Cuando sienta que se avecina una avalancha de ansiedad, trate de concentrarse solo en los hechos de la situación, en particular los positivos. Si está dando una presentación, por ejemplo, y se siente ansioso, trate de pensar en qué tan bien preparado está y qué tan bien informado está sobre el tema. Es muy probable que esté haciendo un gran trabajo y que las personas a las que se esté presentando estén interesadas en la presentación, no en su ansiedad.

Respirar

Como sabe, la respiración es muy importante para la ansiedad. Por lo tanto, los ejercicios de respiración se utilizan a menudo para todo tipo de cosas como ataques de pánico, manejo de la ira y brotes de ansiedad. Uno de los ejercicios de respiración más simples implica poco más que ralentizar la respiración y concentrarse en ella.

Asegúrese de utilizar el diafragma y de no respirar superficialmente. Es importante mantener una respiración constante y suave. Debe intentar inhalar durante tres o cuatro segundos, retener el aire durante tres o cuatro segundos y luego exhalar lentamente durante la misma cantidad de tiempo. El objetivo del ejercicio no es seguir una regla de oro sobre exhalar o inhalar durante el tiempo exacto y perfecto. La idea es mantener la respiración profunda y uniforme para que su cerebro reciba suficiente oxígeno y dejar de pensar en la ansiedad concentrándose en su respiración.

Es importante controlar su respiración porque a menudo es lo primero que sufre durante un ataque de ansiedad. Su respiración puede volverse muy irregular, puede comenzar a hiperventilar o puede dejar de respirar por completo por un tiempo. Si bien los problemas respiratorios son un síntoma en sí mismos, interrumpir el flujo de oxígeno a su cerebro también puede provocar todo tipo de otros síntomas de ansiedad, como temblores, mareos o incluso desmayos. Debe intentar practicar la respiración controlada y profunda en momentos en que no esté ansioso y luego tratar de recordarlo cuando la ansiedad vuelva a ocurrir.

Interrumpir sus Pensamientos

Cuando su mente comienza a acelerarse y sus pensamientos comienzan a atormentarle, lo mejor que puede hacer es romper ese tren de pensamientos negativos lo más rápido posible. Una forma de hacerlo es con la llamada regla "3-3-3". Primero, debe observar su entorno y nombrar las primeras tres cosas que ve; puede hacer esto en su mente, si lo desea. A continuación, busque tres sonidos e identifíquelos y nómbrelos también. El último paso es mover tres partes de su cuerpo, por ejemplo: su tobillo, dedos y brazo.

La idea es distraer su mente y darle algo que hacer de inmediato. De hecho, nombrar tres cosas visibles y tres sonidos audibles podría no ser tan fácil, dependiendo del entorno en el que se encuentre, por lo que puede llevar algo de tiempo y esfuerzo, lo cual es bueno en términos de controlar la ansiedad.

Por supuesto, existen muchas otras cosas que puede hacer para interrumpir un brote de pensamientos negativos. Esto es muy contextual, por supuesto, pero nueve de cada diez veces, hay algo que puedes hacer para distraerse. Puede dar un pequeño paseo, incluso si es al final del pasillo, o puede levantarse y preparar un café, tal vez incluso limpiar su escritorio. Lo importante es centrar la mente en algo y volver al momento.

Mantenerse Ocupado

De hecho, mantenerse ocupado es uno de los consejos más importantes para lidiar con la ansiedad sobre la marcha. No se quede sentado esperando a que su mente comience a notar a las personas que lo rodean y obtenga ideas sobre lo que pueden o no pensar de usted. Dé un salto en su propia mente y concéntrese en su trabajo o en lo que sea que esté haciendo en ese momento.

Es una buena idea tener siempre cerca algunas distracciones valiosas, incluidas cosas como libros o periódicos. Si se encuentra en una sala de espera o en un autobús o tren repleto de gente, la lectura es una muy buena manera de enfocar su mente y olvidarse de todos los que le rodean. Probablemente sea mejor que la música, además sus oídos no estarán obstruidos. Por supuesto, puede combinar ambos para aislar el mundo aún más, si es necesario.

Mantenerse ocupado es una buena idea en general a lo largo de su vida diaria, no solo como un medio de distracción momentánea. Intente llenar su agenda con tantas actividades como sea posible y trate de hacerlas significativas y satisfactorias. Cuanto menos tiempo pase sentado y teniendo pensamientos negativos, más débil será su ansiedad. Preste atención a este consejo, especialmente cuando se encuentre anticipando una situación social próxima. En lugar de pensar en un millón de escenarios diferentes en los que todo sale mal, intente salir a caminar o participar en un pasatiempo creativo.

Mejorar su Postura

Como todas las personas y diversas criaturas, posee un fuerte instinto para proteger físicamente sus órganos vitales cuando se siente ansioso y estresado por una amenaza percibida. Por lo general, ni siquiera notará que lo está haciendo, pero se encorvará o cruzará los brazos. Este es un intento subconsciente de proteger órganos como su corazón y pulmones, y es un instinto que permaneció de nuestros días de cavernas.

Mejorar su postura puede ayudarle a calmarse y obligar a su mente a aceptar que no existe nada malo y que nadie está a punto de atacarlo. Preste atención a la forma en que está de pie o sentado la próxima vez que comience a sentirse ansioso. Trate de pararse derecho con los hombros hacia atrás y el pecho libre y elevado. Mantenga los pies separados y no cruce las piernas, especialmente si está de pie. Mirar fijamente al suelo es otra consecuencia de la ansiedad o la preocupación, por lo que también debe intentar corregirlo.

Sostenerse adecuadamente, por supuesto, no es la cura para la ansiedad social, pero ciertamente es algo que puede ayudar. Como mínimo, proyectará una imagen de confianza para los demás; cuando no existan síntomas para notar, usted también comenzará a sentirse mejor y más tranquilo.

Regresar al Presente

Como lo sabe, la ansiedad social a menudo se desencadena por sus nociones de lo que sucederá o podría suceder. Es la perspectiva de una posible vergüenza o humillación pública lo que causa el problema, por lo que debe sacar a su mente de ese escenario futuro ficticio y conectarse a la realidad presente.

Imagine un escenario en el que llega tarde a una reunión grupal de algún tipo y debe ingresar a la habitación después de que todos ya estén sentados, un escenario aterrador para la mayoría de los que sufren de TAS. Al entrar, debe concentrarse en el hecho de que está entrando y que llegar tarde no es un gran problema. En lugar de obsesionarse con lo que otros podrían estar pensando o cómo podría ser examinado, simplemente concéntrese en la tarea en cuestión. Su objetivo es entrar, sentarse y participar, y eso es todo lo que debe hacer y pensar.

Al concentrarse en lo que está haciendo o se supone que debe hacer, se concentrará en algo que es inseparable del momento presente. Además, si logra convencerse de que no está siendo amenazado, es posible que incluso pueda posponer su ansiedad y sus preocupaciones; prométase abordar su problema más tarde y analizar lo que le preocupaba cuando llegue a casa.

Tener Compañía

Si usted es una de esas personas que padece ansiedad social pero también tiene un amigo cercano, puede tratar de mantenerse en su compañía cuando sienta que la situación puede ponerse difícil. La ansiedad social tiende a ser mucho menos intensa o incluso inexistente cuando se rodea de personas con las que se siente cómodo.

Tener un amigo cerca le dará algo en lo que concentrarse además de su ansiedad. Puede participar en una conversación casual o una interacción similar y mantener su mente ocupada centrándose en su compañero en lugar de sus pensamientos negativos. Además, su compañero puede desviar la atención de los demás de usted y hacer que se sienta menos expuesto. A veces, es suficiente estar en presencia de otra persona, pero otras veces, puede ser útil contarle sus problemas y lo que cree que podría suceder. Puede probar este enfoque la próxima vez que tenga una cita o una situación similar por la que esté ansioso, planifique con su amigo de antemano y acepte algunas pautas sobre cómo lidiar con un ataque de ansiedad si llegara a ocurrir.

Hablar con Alguien al Respecto

En este contexto, hablar con alguien sobre su ansiedad significa decírselo a alguien en el acto. Si un amigo está con usted, puede hablar con él sobre cómo se siente en el momento, pero a veces, también puede haber una oportunidad para hablar con otra persona. De hecho, si lo hace correctamente, su ansiedad podría incluso ser un tema que pueda usar para iniciar una conversación con un desconocido.

Analizaremos el arte de la conversación y la charla casual más adelante en el libro, pero por ahora, digamos que, si lo hace bien, puede tener una conversación significativa sobre su ansiedad mientras, al mismo tiempo, se olvida de sentirse ansioso. Puede parecer contradictorio cuando intenta olvidarse de su ansiedad, pero hablar de ello puede ser terapéutico. También existe la posibilidad de que termine hablando con alguien que tenga el mismo problema, y ese tipo de puntos en común puede ser la base para la amistad u otras relaciones. Si se encuentra en una fiesta u otra ocasión social similar, puede intentar analizar a las personas que le rodean y buscar a las que parecen estar solas y aisladas. Lo más probable es que tengan el mismo problema que usted.

Pensar Positivamente

Como ya comentamos, vencer la ansiedad social tiene mucho que ver con luchar contra los pensamientos negativos, y la importancia del pensamiento positivo no se puede enfatizar lo suficiente. Pensar positivamente es algo que puede intentar y hacer sobre la marcha, no solo una meta general para su vida en la que debe trabajar con el tiempo.

Debe intentar volver a etiquetar sus pensamientos negativos y darles un giro positivo. Por ejemplo, puede considerar lo que hablamos anteriormente, ya que su ansiedad es natural y normal, pero equivocada. De hecho, lo que le está sucediendo es que sus instintos naturales de supervivencia están fallando y están mal enfocados, nada más y nada menos.

También es siempre una buena idea intentar hacer que las cosas parezcan divertidas en su mente. Tome a las personas que cree que le están dando ansiedad e intente imaginarlas en circunstancias divertidas y poco halagadoras. Incluso su ansiedad en sí puede parecer graciosa si se esfuerza lo suficiente, ya que es esencialmente una exageración, y las exageraciones suelen ser una parte integral de toda buena broma.

Centrarse en los demás

Las personas responsables de su ansiedad pueden ser una fuente inagotable de distracción para ayudarle a dejar de pensar en su ansiedad. Tome en cuenta que las personas que son completamente seguras y despreocupadas, especialmente cuando están cerca de desconocidos, son muy raras. Siempre que conoce a alguien, es muy probable que se sienta inseguro sobre algunas cosas. Las posibilidades son incluso mejores que si no está pensando en juzgarle y analizarle y, en cambio, está pensando en la *forma en que lo ven*.

Es natural pensar en la impresión que está dando cuando conoce a alguien, y así es como funciona la mayoría de las personas. Debe aprovechar ese hecho para ayudar a calmar su mente y sentirse cómodo al darse cuenta de que no siempre es examinado y juzgado cada segundo de cada interacción. En lugar de analizar todo lo que está haciendo mal (o cree que lo está haciendo mal), intente concentrarse en la otra persona, para cambiar.

Capítulo Nueve: Confianza Social y Superación de la Timidez

Si bien hemos establecido que aspectos como la timidez están lejos de ser sinónimo de ansiedad social, ahora sabe que ciertamente pueden estar conectadas. La timidez o la timidez percibida pueden ser síntomas de ansiedad social, por lo que existe un terreno común a considerar entre los dos. Además, es muy probable que la ansiedad social conduzca a una baja confianza social y a una autoestima dañada, en general. Como tal, un enfoque para comenzar a reducir su ansiedad social es intentar aumentar su confianza social y aprender a comportarse mejor en situaciones sociales.

Con los conocimientos técnicos necesarios y algo de esfuerzo, es posible que pueda luchar contra la ansiedad y comportarse con más confianza incluso cuando se sienta ansioso. Lograrlo puede hacer que su mente se acostumbre gradualmente a la idea, y puede comenzar a darse cuenta de que su ansiedad no es tan mala. El simple hecho de lograr ser funcional a pesar de su ansiedad social es un gran comienzo. Tampoco se trata de fingir confianza o simplemente proyectar una imagen. De hecho, se trata de aumentar su confianza y superar un problema.

También debe tener en cuenta que el objetivo no es cambiar su naturaleza y obligarse a ser extrovertido cuando su personalidad es obviamente la de un introvertido. Estos esfuerzos no solo fallarían, sino que serían un perjuicio para usted y para lo que realmente es. En última instancia, desea ser la mejor versión posible de sí mismo en lugar de algo que otras personas piensan que debería ser. Ese tipo de auto aceptación es uno de los pasos más importantes para desarrollar su confianza.

Cómo Funciona

Con todo lo dicho, si padece ansiedad social, es muy probable que también tenga un problema de confianza. Los dos van de la mano, y la baja confianza social o la autoestima general a menudo pueden ser el núcleo del problema cuando se trata de TAS. Como mencionamos, también funciona al contrario, ya que la ansiedad social provocada por otras causas generalmente le generará problemas de autoestima tarde o temprano.

No obstante, la confianza es algo que puede depender de una amplia gama de factores, y las causas tienden a ser profundas y varían de un individuo a otro. La historia de cada persona es diferente, y esas historias suelen ser el lugar para buscar pistas sobre la posible raíz del problema. Los problemas de confianza y de autoimagen son a menudo el resultado de traumas pasados, experiencias infantiles y, a veces, incluso genes. Lo primero y más importante que hay que tener en cuenta es que la baja confianza no es su culpa de ninguna manera.

La autoestima es posiblemente una de las cosas más importantes de la vida. Es un rasgo que puede determinar muchos resultados en la vida y ayudarle o perjudicarle en innumerables situaciones. La confianza o la falta de ella es un rasgo omnipresente y se reflejará en prácticamente todo lo que hace en la vida. Las conversaciones, la postura, la risa, los pensamientos e incluso caminar pueden reflejar el nivel de confianza de una persona. Es más, los seres humanos están en sintonía con las variaciones en la confianza en sí mismos de los demás y son expertos en detectar si alguien tiene confianza o no, por lo que es muy difícil de ocultar.

Los problemas asociados con la baja confianza van mucho más allá de las situaciones sociales. Una mala imagen de sí mismo suele estar en el centro de los problemas de autoestima, lo que significa que quienes carecen de confianza tienden a no agradarse mucho a sí mismos. Además de perjudicarle en las fiestas, esto puede hacer que le falte la voluntad de mejorar cualquier aspecto de su vida. Conduce a la complacencia y a una grave falta de motivación hasta el punto en que una persona puede renunciar por completo a la felicidad. Este es un círculo vicioso porque la superación personal es a menudo una de las formas más efectivas de aumentar la confianza, pero si piensa erróneamente de sí mismo, puede resultarle difícil ver el sentido de tales esfuerzos.

La confianza social, o la confianza en situaciones sociales, para ser exactos, es solo uno de los aspectos más específicos de la autoestima general, por lo que los dos están íntimamente conectados. La confianza le hará ser más asertivo y tolerante, pero también será más estable y poseerá una cierta firmeza de carácter. La confianza es un escudo que puede protegerlo de muchas cosas que de otra manera pueden doler. Cuando se trata de críticas, por ejemplo, las personas con baja autoestima tienden a reaccionar de dos maneras.

Una parte de la multitud se sentirá atacada y atacará fácilmente en una postura muy defensiva, incluso cuando las críticas sean constructivas e incluso amistosas. La otra parte tiende a ser sensible e internalizar cada fragmento de crítica como evidencia de que no son lo suficientemente buenos, lo que los lleva a desanimarse fácilmente. Cuando tenga confianza en sí mismo, en su valor y en sus habilidades, se mantendrá firme y, lo más importante, tendrá la capacidad de verse a sí mismo con fría objetividad que le permitirá considerar la crítica, analizarla y utilizarla en su ventaja.

Con todo, la falta de confianza social a menudo puede ser solo un síntoma de un problema de autoestima más amplio. Cuando sufre de baja confianza, se manifestará en muchas áreas de su vida y obstaculizará su desempeño en el trabajo, en las relaciones y en otros lugares, con o sin ansiedad social.

Lo que es muy importante entender es que la confianza no es algo que pueda fingir. La confianza es algo que realmente viene de adentro, y la gente lo va a notar, ya sea baja o alta. Más importante aún, tratar de fingir no ayudará a resolver ninguno de sus problemas, por lo que existen pocos beneficios incluso si logra engañar a alguien. Desafortunadamente, la idea errónea de que puede fingir tener confianza es algo que todavía está generalizado y, a menudo, los amigos y familiares lo ofrecen como consejo.

En lugar de aplicar una bandita al problema, debe abordar los problemas subyacentes y buscar una solución permanente. Existen muchas formas de mejorar su confianza general, incluida la confianza en situaciones sociales. Puede adoptar nuevas formas de pensar y participar en el entrenamiento cognitivo, introducir cambios en su vida diaria, ejercitar sus habilidades sociales y realizar muchas otras cosas con este fin. Trabajar en su confianza es una de las cosas más importantes que puede hacer para combatir su ansiedad social y mejorar su vida en general. Su nivel de confianza y autoestima a menudo puede ser el factor decisivo para conseguir un trabajo, un ascenso o entablar relaciones. Como tal, su nivel de confianza puede ser una ayuda o un obstáculo en su camino hacia la felicidad.

Métodos para Aumentar la Confianza

Consideremos algunos consejos y métodos que pueden ayudarle a aumentar su confianza con el tiempo. Estos consejos se refieren tanto a su forma de pensar como a su forma de comportarse, y la mayoría de ellos requerirán que los intente y realice pruebas y errores. La parte más difícil de aumentar su confianza probablemente tenga que ver con su pensamiento. Cualquiera puede forzar ciertos comportamientos con suficiente fuerza, pero internalizar nuevos principios y conceptos a los que no está acostumbrado puede requerir un nivel completamente nuevo de compromiso.

Competencia Social

Como mencionamos, la competencia social y la confianza están vinculadas a su autoestima general, por lo que esto es algo que debe usar a su favor. Más adelante analizaremos más detalladamente las habilidades sociales, especialmente cuando se trata de tener conversaciones, pero por ahora, digamos que cuanto más trabaje para mejorar su competencia social, más confianza tendrá.

La competencia social gira principalmente en torno a hacer que las personas se interesen y, al mismo tiempo, tener la capacidad de escuchar de verdad y hacerles sentir que los está escuchando. A medida que empiece a mejorar su competencia social centrándose en estas habilidades, su imagen de sí mismo empezará a mejorar. La investigación lo ha confirmado en numerosas ocasiones, brindando una variedad de explicaciones.

Por supuesto, como alguien que padece ansiedad social, probablemente tenga un problema con esto, por lo que aprenderá a mejorar sus habilidades sociales más adelante. Lo más importante a tener en cuenta de antemano es la conexión entre la confianza y la interacción exitosa. Entre otras cosas, tiene que ver con la aceptación social, que es uno de los factores más importantes para la confianza y el bienestar general de las personas, lo queramos admitir o no.

Lenguaje Corporal

Ya hablamos del lenguaje corporal en el capítulo anterior, y con una buena razón. La comunicación no verbal es una parte importante de cómo interactuamos, por lo que es importante practicarla tanto como el habla y los pensamientos. Un lenguaje corporal adecuado que transmita confianza y comodidad le hará parecer seguro, pero, lo que es más importante, los estudios han demostrado que con el tiempo también empezará a sentirse así. Esto es particularmente cierto para lo que algunas personas llaman "poses de poder", que generalmente incluyen poses abiertas.

Existen muchos otros aspectos sutiles y otros no tan sutiles del lenguaje corporal que debe tener en cuenta. Por ejemplo, siempre es importante mantener el contacto visual y brindar firmes apretones de manos, pero no demasiado enérgicos. Por supuesto, el contacto visual y la mirada fija no son lo mismo. Trate de mantener el contacto visual alrededor del 60% del tiempo cuando tenga una conversación; esto le ayuda a expresar interés y hacer que las personas se sientan más cómodas, además de hacer que parezca seguro.

En lo que respecta a la postura, además de tomar posturas amplias y abiertas, asegúrese de permanecer tranquilo y sereno. No pasee de un lado de otro, no se inquiete, no se balancee ni haga otras cosas similares que comuniquen nerviosismo. Las tres cosas (mantener el contacto visual, poses abiertas, apretones firmes de manos) son esencialmente los tres aspectos centrales del lenguaje corporal seguro.

Ser Amable con Usted Mismo

Como probablemente sepa, uno de los aspectos clave tanto de la baja autoestima como de la ansiedad social es esa voz interior que puede estar constantemente reprendiéndolo. Es la voz que sigue atormentándole por las cosas que no puede cambiar, diciéndole que no es lo suficientemente bueno o comparándole constantemente con los demás.

Si va a expresar más confianza en sí mismo durante las situaciones sociales o de cualquier otra índole, primero debe empezar a tratarse con más amabilidad. Esto no significa no arreglar lo reparable, por supuesto, pero sí significa dejar un poco la inactividad. Debe pensar en la forma en que trataría a un amigo cercano o un ser querido. Es muy probable que los apoye y trate de consolarlos y animarlos cuando algo salga mal. Trate de aplicar el mismo enfoque a usted mismo en lugar de siempre deprimirse.

Una buena manera de hacerlo es comenzar a concentrarse más en sus fortalezas, que ciertamente posee. Si no sabe cuáles son sus puntos fuertes, debe averiguarlo. Cuando falla en algo, debe ser capaz de recordar que es bueno en otra cosa y que nadie puede sobresalir en todo.

Superación Personal

Ser amable consigo mismo y al mismo tiempo intentar mejorar en todos los aspectos importantes es la mejor combinación. La superación personal es un término amplio que lo abarca todo y que puede incluir todo tipo de aspectos, como cambios, que puede introducir en su vida. Puede ayudarse mejorando su salud, sus habilidades, sus pensamientos, su estado físico o cualquier otra cosa que considere.

Lo importante es el efecto que la superación personal tiene sobre su confianza. La baja autoestima en ocasiones puede deberse a una deficiencia real o un defecto que nos molesta en nosotros mismos y, la mayoría de las veces, se puede solucionar. Cada pequeño progreso que realice para mejorar un aspecto de sí mismo aumentará su confianza, incluso si no lo siente al principio.

Para empezar, puede concentrarse en algunos aspectos muy básicos como su dieta o eliminar algunos de sus malos hábitos. Lo más importante: ponerse manos a la obra convirtiéndose en la mejor versión de sí mismo que pueda ser. De hecho, probablemente sea mejor que empiece poco a poco, ya que el éxito en estas cosas aparentemente sin importancia puede brindarle la motivación para introducir cambios más importantes.

Cuidado Personal

La superación personal a menudo también implica técnicamente una forma de cuidado personal. Mejorar su dieta, ir al gimnasio y volverse más saludable son sin duda formas de cuidado personal que se suman a la superación personal. Sin embargo, el autocuidado no siempre se trata de esforzarse por mejorar.

En ocasiones, el cuidado personal significa simplemente recompensarse y aprender a tratarse mejor. Como mencionamos, la autocrítica severa o incluso el auto desprecio a menudo van de la mano con una baja autoestima. Por lo tanto, es importante reemplazar algo de esa dureza con positividad y felicidad, lo que representa la mejor forma de recompensa, por lo que se adapta de manera correcta con la superación personal.

Cada vez que asista al gimnasio para una sesión de entrenamiento, o pase un día sin caer en un mal hábito o cumplir con cualquier objetivo que haya establecido, debe reservar algo de tiempo para usted por la noche. Piense en cualquier actividad o recompensa que disfrute particularmente y permita tenerla siempre que la obtenga objetivamente. Es increíblemente fácil olvidar darnos algo de tiempo para nosotros mismos, especialmente con los horarios agitados que muchos de nosotros debemos soportar todos los días. Sin embargo, tan pronto como empiece a tratarse mejor, a su mente le resultará más fácil aceptar que no es tan malo después de todo.

Práctica

Estas son solo algunas de las cosas que puede hacer para mejorar su confianza general y social. Cuando se trata de confianza social, lo más importante es practicar la mayor cantidad de tiempo posible. Necesita obtener esta práctica a pesar de las fallas que pueda experimentar. Incluso si las interacciones no resultan como espera, su cerebro se acostumbrará cada vez más a las personas, cuanto más interactúe con ellas.

El simple hecho de estar fuera de casa puede ser una forma de práctica de su confianza social, si no cae en algún tipo de rutina de evitación. Cuando pasan suficiente tiempo con la ansiedad social, algunas personas se vuelven tan buenas en la evasión que pueden pasar un día entero haciendo cosas sin una interacción real con nadie. No evite las situaciones sociales que puedan resultar incómodas, búsquelas. Existe una buena razón por la que solía llamarse fobia social. Gran parte de su lucha contra el TAS requerirá que enfrente sus miedos de frente y comience a exponerse para estabilizarse.

Capítulo Diez: La Ansiedad Social y sus Relaciones

Hasta ahora, hemos hablado principalmente de la ansiedad social en circunstancias que son muy dinámicas socialmente e involucran a varias personas, en particular desconocidos y grandes eventos sociales o entornos diarios que involucran a desconocidos. En este capítulo, veremos cómo la ansiedad social se relaciona con sus relaciones y cómo puede afectarlas. De hecho, consideraremos el impacto de la ansiedad social en las relaciones humanas, en general, y algunos consejos sobre cómo lidiar con ella en estos contextos.

Ciertamente, en este punto ya tiene claro que la ansiedad social tiende a ocurrir principalmente cuando hay desconocidos involucrados. Mencionamos anteriormente que las personas socialmente ansiosas a menudo pueden tener un amigo cercano o dos con quienes se sienten cómodos, y es posible que usted se encuentre en una situación similar. Aun así, la ansiedad social es algo que puede afectar las relaciones, tanto las potenciales como las ya existentes. La dificultad más grande y más común es formar nuevas relaciones, pero existen formas en las que sus relaciones existentes, incluso aquellas que ha apreciado durante años, pueden sufrir.

Ansiedad Social y Relaciones

Por supuesto, si la ansiedad social plantea un problema para las relaciones humanas sería muy intuitivo, pero hay algo más que eso. En la vida de la mayoría de las personas, existen relaciones que son anteriores al desarrollo de la ansiedad social. Esto incluye principalmente a padres, hermanos y otros miembros de la familia, pero también puede incluir amigos de la infancia. Estas son las relaciones que acabamos de mencionar cuando hablamos de cómo las personas socialmente ansiosas pueden seguir siendo cercanas a alguien.

Una forma en que la ansiedad social puede dañar una relación funcional preexistente es abriendo gradualmente una brecha entre las dos personas. Imagine, por ejemplo, una relación como una amistad o cualquier otro tipo en la que la otra persona es muy sociable y extrovertida mientras que usted está socialmente ansioso y retraído. Además de cuando pasa el rato uno a uno, en su mayoría se inclinaría a no salir y socializar, rechazar muchas invitaciones y ver cada vez menos a esa persona. Tan cercanos como pueden ser de nosotros, nuestros amigos y seres queridos a menudo pueden ser indiferentes a nuestros problemas, especialmente los sutiles como la ansiedad. Esta es solo una de las formas en que ciertas relaciones pueden volverse frías debido a su ansiedad.

Otro problema del que puede ser muy consciente es que a las personas con ansiedad social a menudo les resulta difícil discutir y expresar sus sentimientos, y mucho menos expresarlos. Esta incapacidad para comunicar los verdaderos sentimientos, incluidas las necesidades y los deseos, es lo que pone fin a muchas, si no a la mayoría, de las relaciones, y el problema es especialmente pronunciado con la ansiedad. No es solo que la ansiedad tenga un efecto directo sobre su capacidad para comunicarse. El problema también está en cómo su ansiedad social lo ha privado de un contacto significativo y una interacción más profunda con los demás durante tanto tiempo. La incapacidad para comunicarse y expresar emociones puede ser simplemente el resultado de la falta de experiencia.

Según algunos expertos, esta incapacidad para expresar sentimientos y comunicarse a un nivel más profundo es el aspecto más dañino de TAS cuando se trata de relaciones. Esto fue investigado y respaldado por un estudio canadiense de 2018 realizado en la Universidad de Columbia Británica por Lynn Alden y otros expertos. El objetivo de este estudio fue desafiar la visión tradicional de que la ansiedad social debe tratarse enfocándose únicamente en la reducción de la conducta de evitación. El estudio postuló que el déficit de relaciones en la ansiedad social y la incapacidad para expresar o articular sentimientos verdaderos era igualmente importante.

Otro estudio canadiense, realizado en la Western University por Christian Hahn, también investigó la conexión entre la ansiedad social y la satisfacción en las relaciones. Como era de esperar, el estudio encontró que la satisfacción con la relación era menor cuando estaba involucrada la ansiedad social. Se encontró que la ansiedad social era particularmente perjudicial para la confianza y el apoyo en las relaciones románticas.

Una de las principales razones de esto es la sensibilidad que provoca la ansiedad social. Esta es la sensibilidad hacia la crítica y la frágil autoestima, como comentamos anteriormente en el libro. Estas cosas pueden empeorar lo suficiente como para que incluso su pareja sentimental pueda comenzar a parecer hostil, demasiado crítica y tratando de humillarle. Es posible que su pareja esté tratando de darle un consejo o ayudarle de alguna manera porque le importa, pero para una mente ansiosa, la ayuda en ocasiones puede parecer un ataque. Además de eso, el fuerte sesgo de negatividad y el auto desprecio absoluto que sufren algunas personas socialmente ansiosas puede hacerlos indiferentes a los comentarios positivos.

Más allá de las amistades cercanas y las relaciones románticas, también existen relaciones que tiene con personas como sus parientes. Los parientes, particularmente los de su familia extendida, existen en una especie de área gris cuando se trata de cercanía. Sobre el papel, se los debe considerar cercanos porque son parte de la familia, pero en la práctica, la mayoría de las personas ven a sus familiares solo periódicamente. Esto abre una brecha entre usted y ellos y puede hacer que las reuniones familiares sean muy estresantes cuando padece ansiedad social.

Además, las reuniones familiares pueden ser un circo de juicio y escrutinio a tal grado que puede sentir que está siendo interrogado. De hecho, los familiares siempre buscan actualizaciones y compartirán sus opiniones sobre todo tipo de cosas que le conciernen a usted y a su vida. A menudo le compararán con los demás, le harán preguntas íntimas y realmente le molestarán, incluso cuando tengan buenas intenciones. Muchas personas no disfrutan especialmente de eso, ¡y mucho menos las personas socialmente ansiosas! Además de eso, no es inusual que los familiares inviten a sus amigos u otras personas importantes a tales reuniones, lo que significa que puede verse obligado a interactuar con desconocidos y con miembros de su familia extendida.

Con todo lo dicho, la forma más común en la que la ansiedad social afecta las relaciones sigue siendo la forma en que disminuye sus probabilidades de establecer relaciones futuras. Las personas que no padecen ansiedad social pueden atravesar rupturas, perder amigos, separarse de la familia, etc., pero siempre podrán entablar una conversación y conocer gente nueva para llenar el vacío. Si padece ansiedad social y pierde a un amigo cercano o una pareja sentimental en su vida, entonces sabe muy bien lo importante y difícil que es reemplazarlos.

Eso no quiere decir que sea fácil encontrar un amigo verdadero o reemplazarlo para cualquiera, pero existe un grado completamente diferente de desesperanza cuando la ansiedad social lo mantiene deprimido después de una ruptura o una pérdida de amistad.

Lidiar con ello

Evidentemente, la mejor manera de lidiar con el daño que su ansiedad social inflige a sus relaciones es lidiar con la ansiedad social en sí. Lo que hemos discutido y continuaremos discutiendo después de este capítulo lo ayudará en ese sentido, pero aún puede tomar medidas para superar los problemas relacionados con la ansiedad en sus relaciones.

Como probablemente haya deducido de lo que hablamos anteriormente, la comunicación es primordial en las relaciones sentimentales. Es crucial en todas las relaciones humanas, por supuesto, pero las relaciones sentimentales son especialmente íntimas y, como tales, se basan en la capacidad de la pareja para comunicarse a un nivel más profundo de lo que lo harían con cualquier otra persona en sus vidas. Cuando dos personas funcionan juntas, se comunican en todos los niveles, tanto verbal como no verbal. Pueden superar las dificultades y los malentendidos porque se conocen y se entienden, especialmente cuando se trata de todas esas peculiaridades y debilidades que las personas tienen.

Una de los aspectos más importantes a este respecto es generar y fomentar la confianza. La única forma de fortalecer esa confianza es probándola. Si tiene intimidad con alguien y se preocupas profundamente por esa persona, debes confiar en ella para que funcione. Puede comenzar con algunas cosas muy simples, como la honestidad y el nivel más alto de apertura que pueda reunir. Siempre que observe un problema determinado o algo le moleste, debe solucionarlo lo antes posible y hablar con su pareja al respecto.

No permita que estos problemas permanezcan inactivos y se agraven bajo la superficie. Cuando las cosas se reprimen, la presión aumenta y las cosas que no se dicen a menudo vuelven más tarde y causan aún más problemas. También pueden regresar como desprecio, despecho y todo tipo de maldad. En general, cada problema debe discutirse y aclararse tan pronto como surja. Esto no solo resolverá más problemas, sino que cada vez que lo haga, la confianza mejorará.

La comunicación que incluye críticas debe mantenerse a un cierto nivel. Si es sensible a las críticas y tiende a sentirse desconcertado por tales cosas, también debe evitar ser demasiado crítico con su pareja. Simplemente trate a su pareja con el mismo nivel de respeto que espera para usted. Hay que hablar de los problemas, no perder el control. Ciertamente, esto a veces es más fácil decirlo que hacerlo, pero con un poco de atención plena y realineación de pensamientos positivos, debería poder controlarse, incluso cuando su pareja no pueda.

Eso es realmente todo lo que hay que hacer para generar confianza: comunicarse de manera efectiva y significativa mientras se aplica la regla de oro. Una vez que sienta que confía en su pareja, pero los problemas asociados con su ansiedad siguen regresando, puede tratar de lidiar con otros problemas.

Necesita sentarse y tener una discusión honesta consigo mismo sobre todas las formas en las que podría mejorar. Para ello, considere todas las cosas que hemos comentado, mejorando su forma de pensar y todos los demás consejos que tienen que ver con el comportamiento. Dependiendo de su caso, algunas de estas cosas pueden ayudarlo, mientras que otras pueden no ser tan relevantes. Si no está seguro por dónde empezar, también puede hablar con su pareja al respecto, *si hay confianza.*

Las relaciones sentimentales son un buen lugar para estar cuando intenta vencer su ansiedad social. Si tiene ambos, también debe considerar la suerte que tiene. Para millones de personas en todo el mundo, la imposibilidad de encontrar y establecer una relación de este tipo es el aspecto más atroz de su ansiedad social. Como tal, debe considerar su relación como algo que ya le está dando una ventaja.

Cuando se trata de cosas como esas molestas reuniones familiares que mencionamos, la mejor manera de lidiar con esas situaciones es con los consejos discutidos anteriormente y después de este capítulo. Lo mejor que puede hacer es concentrarse en ese pariente o familiar con el que se sienta más cómodo. Si puede identificarse con al menos una persona, es una excelente y fluida entrada en un grupo, o al menos, una conversación con esa persona puede ayudarle a distraerse.

Con la ansiedad social y sus problemas de relación, las amistades y las relaciones sentimentales poseen una gran cantidad de puntos en común. Al igual que las relaciones íntimas, la verdadera amistad implica confianza, apoyo y comunicación. Como tal, mucho de lo que acabamos de discutir se aplica también a las amistades.

Cuando se trata de relaciones sentimentales o matrimonio, considere la posibilidad de ayuda profesional. Existe un tipo específico de terapia cognitivo-conductual, llamada CBT-R, donde "R" significa "relaciones". Se ha descubierto que esta forma de terapia para la ansiedad social con énfasis en las relaciones funciona en estudios como el de la Universidad de Columbia Británica.

La disponibilidad de este enfoque puede variar según el lugar donde viva, pero si todo lo demás falla, entonces podría valer la pena viajar un poco para buscar esa ayuda. No es incorrecto buscar ayuda de una persona externa y es recomendable discutirlo con su pareja, obteniendo su apoyo y comprensión, lo que, a su vez, le brinda un impulso significativo hacia el éxito.

Capítulo Once: Conversaciones Casuales y Otras Habilidades Sociales para Introvertidos

Las personas con ansiedad social y la mayoría de los introvertidos siempre pueden beneficiarse al aprender las habilidades sociales que les gustaría tener. No siempre se trata solamente de liberarse del miedo y la ansiedad; aunque sin duda es un gran logro, probablemente no le convertirá en un experto en socializar de la noche a la mañana. Esto es especialmente cierto si el importante período de desarrollo de su vida, el momento en que se suponía que debía dominar estas habilidades sociales, se vio dañado por la ansiedad social y la vida retraída.

En ese caso, podría ser necesario ponerse al día con algunos de esos conocimientos y aprender algunas habilidades sociales útiles para comenzar a recuperar su vida social. Puede ser difícil al principio, pero una vez que lo intente y observe un par de casos de éxito, las cosas a menudo tomarán un curso natural y estará correctamente dirigido hacia la recuperación completa. Tomaremos este capítulo para discutir algunas de esas habilidades sociales útiles, especialmente aquellas que se relacionan con la comunicación, y algunos consejos adicionales para ayudarle en el camino.

Conversación Casual

Ya hemos hablado brevemente sobre la conversación casual y cómo las personas introvertidas, extrovertidas, socialmente ansiosas y otras personas la manejan. Lo que no mencionamos, sin embargo, es que a pesar de lo trivial que puede ser en la superficie, la conversación casual juega un papel muy importante en la forma en que los seres humanos interactúan y se comunican.

En primer lugar, proporciona una base para la interacción y la familiarización entre las personas porque juega un papel importante en nuestros rituales sociales. Muchos conocidos comienzan con una charla, y si ese conocido se convierte en algo más, a menudo dependerá de lo que suceda durante esa etapa inicial de intercambio de cortesías. Como tal, las etapas más avanzadas de comunicación e interacción en ocasiones pueden depender de una conversación casual. Al ser una habilidad social básica y relativamente simple, también es un excelente punto de entrada para las personas que desean volver a tomar el control de su vida social y comenzar a practicar sus habilidades sociales dañadas o inexistentes.

La conversación superficial agradable también es una herramienta que puede ayudarle a calmarse en situaciones sociales nerviosas. Como usted sabe, muchas personas recurrirán a conversaciones casuales cada vez que se sientan nerviosas o incómodas en una situación. Esta es una respuesta muy natural y demuestra lo importante que puede ser en términos de nivelar las cosas y mantener la estabilidad en la interacción social. Si lo domina, la conversación casual siempre será esa carta a la que puede recurrir cuando las cosas comiencen a ponerse ansiosas o incómodamente silenciosas.

También vale la pena mencionar que una conversación casual no implica necesariamente conversaciones verdaderas. A menudo, la charla implicará solo un intercambio relativamente rápido de comentarios que será suficiente para que las cosas avancen y hacer que la situación sea más cómoda para las partes involucradas. De hecho, la mayor parte del tiempo querrá mantenerlo así también. No entre en demasiados detalles ni fuerce las conversaciones, especialmente las conversaciones sobre temas serios.

Como alguien que lucha con la interacción social, estas breves ráfagas de conversación casual que pueda tener le servirán como una forma de practicar y poner un pie en la puerta, por así decirlo. Al igual que la atención plena, es algo que debe introducir en su vida diaria. Puede pensar en situaciones como filas en el supermercado, ir al banco o al DMV, o esperar un tren. Todas estas situaciones le darán frecuentemente la oportunidad de practicar una conversación social. La mejor parte es que involucran a completos desconocidos a quienes nunca volverá a ver, por lo que incluso si ocurre una situación vergonzosa, no habrá consecuencias reales, ¡y puede olvidarse de ella cinco minutos después!

Para tener suficiente práctica, tendrá que pasar de esperar una conversación casual a *iniciarla*. Si no está seguro de cómo puede iniciar una conversación casual en la vida diaria, debe considerar aspectos como pedir direcciones o involucrarse en situaciones con grandes reuniones sociales muy activas, por muy intimidante que pueda parecer.

Considere un escenario como un club o un mitin de algún tipo. Estas situaciones involucran a muchos desconocidos y una probabilidad muy alta de interacción, pero lo importante a tener en cuenta es su posición en ellas. Es decir, no será más que un extraño en un mar de desconocidos, lo que puede ser algo bueno. Por contradictorio que parezca, las multitudes pueden ser mucho menos intimidantes cuando padece TAS o ser un desconocido en un grupo de tres o cuatro personas. Simplemente existe tanta atención dando vueltas en todas las direcciones que solo las estadísticas lo protegerán. También significa que puede practicar una conversación casual con personas que se olvidarán por completo en cinco minutos si interrumpe la interacción.

En general, siempre tome en cuenta que una conversación casual puede generar fácilmente una conversación significativa y, eventualmente, amistad o incluso una relación romántica. Puede parecer un cliché, pero sucede: la gente simplemente hace clic en ocasiones. Si se mantiene positivo y no es contundente, puede estar seguro de que nada malo surgió de sus esfuerzos por participar en una charla con los demás. Si alguien reacciona de manera hostil o excesivamente desagradable, no será culpa suya.

Cuando inicia una conversación con alguien agradable y se siente bien, la conversación puede durar más tiempo. En poco tiempo, puede pasar de hablar sobre el clima a conocer realmente a una persona.

Comunicación Avanzada

Ser bueno para comunicarse con la gente es mucho más que dominar las conversaciones casuales, por supuesto. Saber cómo concentrarse, escuchar, expresarse y presentarse con amabilidad y estilo son habilidades importantes para llevar la comunicación más allá de una simple charla.

Cuando se trata de comunicarse con los demás, comience por convertirse en un buen oyente. Como alguien que lucha con la interacción social, puede ganar mucho con solo escuchar a las personas, independientemente de quién inició la conversación. Por un lado, cuando permite que la otra persona hable, está cambiando el enfoque de la conversación y la mayor parte del pensamiento hacia ellos. Esto le dará algo de espacio para respirar, pero también le ayudará a aprender un par de cosas sobre el lenguaje corporal.

Ser un buen oyente también significa saber cómo y cuándo reaccionar e impulsar la conversación hacia adelante o incluso en la dirección deseada. Necesitará moderación, tal vez más de lo que pueda anticipar. Si su ansiedad social lo ha privado de la interacción y las conversaciones significativas con las personas durante mucho tiempo, es posible que se sienta muy ansioso por comenzar a hablar, especialmente cuando siente que la otra persona está comenzando a interesarse genuinamente por usted; puede ser muy tentador hablar una y otra vez. Para ser un oyente, debe resistir este impulso y evitar involucrarse en todo lo que dice la otra persona.

Hacer preguntas es una parte importante para mantener una conversación. Ésta es otra razón por la que es recomendable permitir que la otra persona hable. Cuanto más hable, más inspiración y material tendrá para preguntas sencillas relacionadas con lo que está hablando. Puede agregar estas preguntas en ocasiones para mantener una conversación fluida. Escuchar y recopilar información también le ayudará a hacer que sus preguntas sean atractivas y originales en lugar de mundanas, haciendo que parezca que solo está pretendiendo ser amable o fingir interés.

Cuando una conversación empieza a perder fuerza y necesita darle un pequeño impulso, debe hacer preguntas que no puedan responderse con un sí o un no. Debe intentar que esas preguntas giren en torno a quién, qué, dónde, cuándo y por qué. Las preguntas que comienzan de esa manera tienden a brindar mucho más espacio para la conversación y la continuación de la discusión.

A la mayoría de la gente le agrada a un buen oyente, así que es un buen comienzo si necesita que la gente piense que es una persona agradable y amigable. Otra táctica de desarme es un simple cumplido o dos, asegurándose de no exagerar; solo dar comentarios sinceros, y solo cuando realmente sienta que son realmente adecuados. Es una muy buena manera de mostrarse amigable al principio de la conversación.

Con el tiempo, también se encontrará en una situación en la que se supone que será usted quien dirija una conversación. La expresividad se vuelve muy importante si desea transmitir el mensaje y, al mismo tiempo, mantener a la gente interesada y la conversación fluida. Trate de ser lo más descriptivo, pero lo más simple y directo posible, cuando cuente una historia o describa algo.

Para ser más expresivo y que sus conversaciones sean más fluidas, es posible que también desee intentar crear una especie de guion sobre cómo desea que se desarrolle una conversación. Por supuesto, no puede escribir la conversación real con todas sus oraciones, pero puede escribir una lista o algo similar, describiendo sus objetivos para cuando tenga una conversación con alguien. Estos objetivos pueden incluir ciertos temas que desea discutir, preguntas que desea hacer y otros aspectos. Es una buena idea saber exactamente lo que quiere lograr hablando con alguien.

Por último, cuando se trata de expresarse, tampoco se trata solo de la forma en que habla. Mostrar estilo en la forma en que se viste, por ejemplo, puede dejar una impresión positiva e impactar las conversaciones que está teniendo de una buena manera. A su vez, esto también puede tener un efecto positivo en su confianza general, por lo que el estilo puede ser muy importante.

En general, lo más importante es comenzar a conversar con la gente. Dependiendo de su TAS y su historial, puede ser muy difícil al principio, pero la ilusión de que las conversaciones y los desconocidos lo intimidan se disipa mejor al enfrentar ese miedo de frente. Tan pronto como haya tenido algunas conversaciones, comenzará a sentirse más cómodo, especialmente si inició esas conversaciones.

Otros Consejos

En general, si no confía demasiado, la mejor manera de acercarse a las personas es considerar a todos como un amigo potencial que todavía no ha encontrado. Tenga en cuenta que hay muchas otras personas con las que podría encontrarse que también sufren de ansiedad social. Sus experiencias similares pueden ser un tema de conversación y un punto de partida para una gran amistad, pero también pueden hacer que sea excepcionalmente difícil hacer que las cosas funcionen. Por lo tanto, es importante ser amable, agradable y sonreír siempre que pueda. Eso no quiere decir que deba fingir una sonrisa para impresionar a alguien, al contrario: una sonrisa puede hacer que cualquiera se sienta más cómodo cuando interactúa con usted.

Un aspecto importante que puede hacer para mejorar sus habilidades sociales es observar y aprender. Inevitablemente se encontrará con personas seguras de sí mismas y expertas en socializar, y logrará aprender mucho con solo observarlas. Cuando se trata de habilidad social y confianza, existen algunos aspectos que difícilmente se pueden describir con palabras, por lo que tendrá que aprenderla sobre la marcha. Cuando vea a alguien que socializa con facilidad, tome nota de su lenguaje corporal y su forma de hablar. Verá que muchos de los consejos que ha aprendido en este libro se integran sin problemas en un escenario de la vida real.

Es importante comprender que su objetivo no es cambiar fundamentalmente quién es usted. Si es introvertido, es natural que no sea el alma de la fiesta y un maestro de las habilidades sociales. Su objetivo es deshacerse de todo miedo y poder funcionar cuando surgen situaciones sociales, no volverse repentinamente ultra sociable. Está perfectamente bien dejar de ser el centro de atención, permanecer reservado y no salir todas las noches. Si esto es quien es, que así sea, y debe mostrar su naturaleza con orgullo.

Una vez que derrote su ansiedad social y se vuelva más seguro, su introversión puede convertirse en algo atractivo. Esto es cierto tanto para hombres como para mujeres. La introversión puede dar a ciertas personas un aura interesante de misterio y enigma que atrae a la gente. El antiguo cliché de ser uno mismo sigue siendo cierto y seguirá siéndolo. Cuando empiece a agradarse a sí mismo, y cuando su miedo al juicio haya disminuido, descubrirá que a otras personas también les resultará más fácil agradarle.

Otro consejo importante cuando intenta mejorar sus habilidades sociales es hacer todo lo posible para que sus fortalezas y virtudes salgan a la luz. Tome un momento para considerar cuáles son estas fortalezas. Tal vez sea bueno escuchando a la gente y dándoles consejos, o tal vez esté muy bien informado sobre ciertos temas interesantes. Sea lo que sea, trate de que salga a la luz en lugar de tratar de fingir que es un extrovertido para encajar. Ese sería el camino para ser una persona falsa, y eso a nadie le agrada.

Recuerde que, como introvertido, todavía necesita ese tiempo de inactividad que pasa a solas para renovarse. Cuando intente perfeccionar sus habilidades sociales, siempre debe abordar las situaciones con una mente fresca y ansiosa. Si se esfuerza por tener demasiada interacción social en un corto período de tiempo, es posible que se sienta agotado y eso hará que la interacción sea mucho más difícil y desalentadora.

Como puede ver, realmente no hay mucho que hacer. Debe practicar y seguir practicando; sus habilidades sociales eventualmente tendrán que volver a usted. Incluso si regresa a la sociedad abruptamente, conmociona su mente y cuerpo y encuentra algunos fracasos abismales, aún contará como práctica. Las habilidades sociales son como andar en bicicleta en el sentido de que las tiene en usted, pero solo necesita comprometerse con ellas y no desanimarse, incluso si se cae de bruces. Cuanto más hable con la gente, más fácil será y, lo que es más importante, podrá notar lo poco que hay que temer.

También notará cuántas otras personas tienen una amplia gama de problemas con los que luchan, y eso puede ayudar para que se sienta menos aislado que las interacciones mismas. Rápidamente se percatará de que los desconocidos no son seres perfectos que lo tienen todo resuelto, que pertenecen a algún club al que debe unirse mientras juzgan cada uno de sus movimientos. Un millón de personas tendrán un millón de luchas diferentes; llegar a conocerlos será uno de los aspectos más fascinantes de su viaje.

Capítulo Doce: Salir de su Zona de Confort

Como probablemente habrá aprendido a lo largo de este libro, vencer su ansiedad social requerirá que atraviese su zona de confort frecuentemente y de muchas maneras. Esto puede implicar grandes cantidades de miedo, estrés, frustración y fracaso, pero todo será necesario si desea reconfigurar su cerebro y deshacerse de sus miedos de forma permanente.

Con el tiempo suficiente, su ansiedad social puede convencerlo por completo de que se sienta cómodo en aislamiento y que realmente no tiene que cambiar nada. Esta ilusión es uno de los aspectos más peligrosos de la ansiedad social y puede prevalecer durante mucho tiempo. Sin embargo, en algún momento, la ilusión se rompe cuando se percata de cuánto se ha perdido y cuántas áreas de su vida se han visto afectadas por ello. Dado que está leyendo este libro, es muy probable que esto le haya sucedido.

¿Qué es su Zona de Confort?

Quizás el hecho de que esto sea una ilusión es lo que hace que el término "zona de confort" también sea un poco inexacto. Es decir, un estado en el que estaba condicionado a estar debido a sus miedos podría no calificar como muy cómodo, una vez que lo observe más de cerca. Existe consuelo y posteriormente, *complacencia.*

De hecho, la diferencia entre los dos es significativa, pero a menudo se pasa por alto. La mayoría de las personas no hacen esa distinción y esto puede llevarlos a ser malinterpretados, especialmente cuando dan consejos a los introvertidos. Como comentamos, los introvertidos como usted se sienten naturalmente más cómodos en entornos tranquilos y entre pocos amigos, y eso no tiene nada de malo. Como tal, cuando se le aconseja que salga de su zona de confort, lo que significa no es que deba dejar de ser usted mismo. En cambio, la idea es salir de lo que algunas personas llaman la "zona de complacencia".

La zona de la complacencia es la ilusión que mencionamos anteriormente. Es un lugar donde nuestro miedo y ansiedad nos obligan a escondernos para no tener que lidiar con la incomodidad de esas situaciones que tememos. Cuando descubre que ha establecido una rutina diaria en torno a ese miedo y ha construido sus días de una manera que le permite evitar situaciones sociales, se ha asentado en la zona de la complacencia. ¿Su ansiedad social le ha hecho ordenar comida en lugar de salir a buscarla usted mismo? ¿Encuentra que frecuentemente se le ocurren excusas débiles para no salir cuando un amigo lo llama?

Es esa evasión lo que mantiene su ansiedad social firme y cada vez más fuerte con el tiempo. Y como cree que está evitando el miedo y el estrés, comienza a pensar que se siente cómodo con esta evitación. En realidad, sin embargo, se está volviendo complaciente y no está logrando nada más que permitir que lo que es esencialmente una enfermedad curable se apodere de usted y controle su vida.

De hecho, ni siquiera está evitando su miedo, por mucho que lo sienta de esa manera. Su miedo siempre sigue presente y sigue gobernando su vida aunque haya minimizado la cantidad de ansiedad que siente. Como tal, su zona de complacencia es un lugar donde no logra nada y, de hecho, probablemente está empeorando las cosas. Este es un status quo que no desea mantener si desea que las cosas mejoren de manera significativa. Usted y su ansiedad social tampoco son un caso único de esto. Mucha gente está atrapada en una especie de zona de complacencia que es relevante para sus problemas.

La forma en que piensa y se comporta puede indicar si está atrapado en esta zona. Por ejemplo, ¿en ocasiones encuentra que tiende a posponer la solución de ciertos problemas, prefiriendo en cambio fingir que los problemas no existen? Una zona de complacencia también conlleva mucha racionalización en la que podría estar buscando excusas y explicaciones aparentemente racionales para su evasión e inactividad. Su complacencia y miedo pueden hacer que rechace una oferta para reunirse con un amigo, pero es posible que no se lo diga a sí mismo. Es decir, cuando estamos atrapados en esta situación, es fácil encontrar un millón de explicaciones aparentemente racionales, como que estábamos cansados o demasiado ocupados cuando sabemos en el fondo que esto no es cierto.

Como puede ver, no existe mucho "consuelo" en todo esto, solo autoengaño y estancamiento. Otra razón por la que es importante comprender la diferencia entre esto y una "zona de confort" es que desea confiar en sus fortalezas en la lucha contra la ansiedad social. Por ejemplo, cuando un introvertido llega a pensar que se supone que debe actuar como un extrovertido para dejar su zona de confort percibida, esa persona se preparará para el fracaso.

Tiene suficiente con su ansiedad social, por lo que no siempre es una buena idea colocarse en situaciones que no están de acuerdo con su personalidad además de eso. Como introvertido, podría ser mejor para usted probar y practicar sus habilidades sociales en situaciones en las que sus fortalezas introvertidas innatas pueden destacar. Piense en cosas como su concentración, introspección y otros aspectos en las que es destacado.

Si usamos estas definiciones y consideramos la diferencia entre comodidad y complacencia, queda claro que su zona de comodidad real no es necesariamente algo malo. Teniendo todo esto en cuenta, considere la naturaleza de los extrovertidos por un momento. Estar rodeado de mucha gente y tener mucha interacción es lo que consideraríamos la zona de confort de un extrovertido. Por supuesto, la gente no tiende a alentar a los extrovertidos a salir de esta "zona de confort" en particular, sino que se alienta a los extrovertidos. Como tal, un consejo equivocado termina alentando a los introvertidos a dejar literalmente su "zona de confort" natural y luego pretender sentirse cómodos en la de los extrovertidos.

Con todo lo dicho, es cierto que la mayoría de la gente simplemente usa el término "zona de confort" como sinónimo de lo que acabamos de describir como la zona de complacencia. Ahora que hemos aclarado la diferencia importante y el significado real de ambos, haremos lo mismo de aquí en adelante para simplificar las cosas.

Mucho de lo que hemos discutido en este libro implica salir de su zona de confort. Iniciar conversaciones, comenzar a meditar, abordar los pensamientos problemáticos que tiene en su mente y algunas otras cosas que mencionamos pueden ser incómodas cuando padece TAS. Como sucede con muchos otros aspectos en la vida, la parte más difícil para muchas personas es comenzar.

La evitación puede volverse tan familiar, y su mente puede acostumbrarse tanto a ello que se olvide por completo de lo que es estar en cualquier otro estado. Puede parecer increíble para aquellos que solo tienen una leve ansiedad social, pero algunas personas han complacido su miedo y han evitado durante tanto tiempo que incluso las interacciones más básicas pueden parecer imposibles. Es por eso que podría empezar a pensar que se siente más cómodo quedándose en casa y aislándote del mundo.

Al romper con esa idea de comodidad y enfrentarse a sus miedos, descubrirá que su mente puede acostumbrarse con la misma facilidad a la interacción que al aislamiento. Incluso al luchar contra los trastornos de la personalidad, las personas todavía poseen una capacidad increíble para adaptarse y acostumbrarse a nuevas situaciones, especialmente cuando son rutinarias. Si encuentra la fuerza para dar esos pasos iniciales, encontrará que *todo es posible.*

Escapar

Entonces, ¿cómo puede salir de su zona de confort? Por lo general, implicará asertividad y acción decisiva o, en una palabra, audacia. Aun así, puede ser metódico, sistemático y gradual con la forma en que escapa de su zona de confort. Existen numerosas estrategias, consejos y cambios que puede probar, especialmente cuando se trata de ansiedad social.

Preparándose para el Primer Paso

Esto no significa prepararse para hacer una película en cada momento en el que ya se encuentra en una situación determinada. Significa preparar su mente y su cuerpo durante sus días cuando llega el momento de actuar. Puede prepararse para salir de su zona de confort de muchas formas, algunas de las cuales ya hemos comentado. La superación personal es ciertamente un ejemplo. Puede ayudar a muchas personas si están en forma, por ejemplo, por lo que elegir un régimen de ejercicios y ponerse en forma siempre puede hacer que sea más fácil salir de su zona de confort socialmente ansiosa.

También es importante aclarar algunas cosas consigo mismo. Por un lado, considere cuál es la parte más problemática que desea cambiar. Trate de identificar el comportamiento exacto que desea detener en el futuro. Esto puede ser algo muy simple y pequeño solo para comenzar. Piense en algo que haga para satisfacer su ansiedad social, como evitar hablar por teléfono. Elija cualquier parte individual de su comportamiento de evitación y concéntrese en romper el ciclo la próxima vez que surja una oportunidad. En el momento en que actúe y diga que no a su evasión, incluso de la manera más simple, será el momento en que comience su nueva vida.

Crear un Plan de Acción

Otra cosa que es útil es tener razones para hacer lo que hace. De esa manera, si las cosas se ponen difíciles o siente miedo, siempre tendrá esas razones a las que recurrir. Tenga siempre presentes sus razones y sus objetivos generales, utilizándolos como fuente de energía.

Además, siempre es recomendable tener un plan sólido y relativamente detallado para las cosas que desea hacer. ¿Tiene la intención de salir de su zona de confort solicitando un nuevo trabajo y acudir a la entrevista? En ese caso, haga un plan que incluya todas las cosas que quiere decir, cómo se va a presentar y todas las demás partes que entran en él. Debe planificar para cuando las cosas vayan mal, como si los entrevistadores le hacen una pregunta capciosa o exponen sus debilidades.

Sin obsesionarse con la forma en que se va a sentir, debe hacer un plan claro y un plan de respaldo para que nunca pierda el control. Los giros inesperados pueden dejarlo perplejo y atrapado en un ciclo de ansiedad. El objetivo de estar preparado no es solo tener éxito, sino también enfrentarse al fracaso y prepararse para el próximo intento. Vaya donde vaya, prepárese con un plan.

Adaptar sus Expectativas

En primer lugar, por supuesto, debe esperar mucha incomodidad y prepararse para numerosas fallas, por si acaso. Mencionamos que dar el primer paso es lo más importante, pero eso no significa que deba esperar que las cosas se unan mágicamente tan pronto como de un paso en la dirección correcta.

Trate de considerar todas las formas posibles en las que puede ir una situación, anotando esos escenarios. Esto a menudo puede tener un efecto calmante porque hace que las cosas parezcan menos intimidantes de lo que eran en su cabeza. Además, no estamos hablando de preocuparnos obsesivamente por un escenario; simplemente trate de ser lo más objetivo posible, pensando en algunas formas en las que su aventura fuera de la zona de confort puede ir. El propósito de ello es mostrarle que incluso el peor escenario probablemente sea inofensivo y no tendrá ramificaciones duraderas, lo que le dará más motivación para hacerlo.

Lo más importante es no tener expectativas demasiado altas. De hecho, eso es más importante incluso que tenerlos demasiado bajos. No se prepare para la decepción porque eso puede ser más desalentador que cualquier mal escenario que pueda imaginar. Considere tanto los resultados buenos como los posibles malos y trate de cambiar su perspectiva de la preocupación a la curiosidad. Intente sentir curiosidad por ver qué sucede cuando sale de esa zona.

No Pensar Demasiado

Las oportunidades para salir de su zona de confort frecuentemente pueden aparecer de la nada. Es posible que se encuentre afuera, simplemente en su día, cuando de repente, existe una oportunidad de interactuar con alguien y establecer un contacto significativo. Por supuesto, estas posibilidades son especialmente comunes cuando sales por la noche, por ejemplo.

Si decide que acercarse a alguien e iniciar una conversación es su forma preferida de salir de su zona de confort, debe aplicar algo a lo que algunas personas se refieren como la "regla de los tres segundos". Esta regla se aplica a todo tipo de formas de salir de las zonas de confort, no solo en situaciones sociales. Simplemente prescribe esperar no más de tres segundos antes de actuar.

El objetivo es no permitir que su mente caiga en su antiguo patrón de sobre analizar y entrar en pánico sobre un millón de formas en las que puede avergonzarse. Si ve a alguien con quien quiere hablar, simplemente repítase que esta es la oportunidad que ha estado esperando, no algo que temer, y luego haga un movimiento. Ciertamente, es más fácil decirlo que hacerlo, y puede que necesite algo de práctica antes de tener éxito, pero los resultados pueden ser increíbles. Cuando no le brinda a su mente temerosa el tiempo suficiente para desmotivarlo, es posible que rápidamente se encuentre en una conversación agradable, dándose cuenta de lo poco que había que temer. Esta es una de las mejores formas de combatir la ansiedad social.

Dejar de Ser un Espectador en su Vida

Hágase una pregunta simple: ¿Quiere hacerse cargo y desempeñar un papel activo en su vida, o prefiere ser un espectador de su propia historia? Solo hay unas pocas cosas que pueden llevarlo por un camino de pasividad de la misma manera que lo puede hacer la ansiedad social. Este trastorno busca que se aleje y deje pasar la vida. Quiere que se quede en casa, adopte una existencia pasiva en la que solo espera a que sucedan las cosas en lugar de que hacerlas que sucedan.

Por más cómodo que pueda parecerle a su mente condicionada, al final no funcionará. Para llegar a cualquier parte de la vida, primero debe comenzar a moverse, y no importa cuán pequeños sean esos pasos iniciales, siempre que los haga. Si observa que la gente hace las cosas que quiere hacer, pregúntese qué es lo que realmente lo detiene. Una de las cosas más importantes que ha aprendido de este libro es que la ansiedad social es algo que puede y debe superar por su cuenta. No es un problema que otros puedan resolver por usted. Debe dejar de ser el espectador de su propia vida y empezar a asumir el papel principal y activo que siempre estuvo destinado a usted.

Conclusión

Como puede ver, su ansiedad social es una carga que puede eliminar con el tiempo. Aunque la historia de nadie es igual, su primera fuente de consuelo puede ser darse cuenta de que su problema es muy común. Lo que también es muy probable es que haya muchas, muchas personas cuya ansiedad social es mucho peor que la suya. No obstante, incluso ellos pueden superarlo, y lo hacen, en ocasiones completamente por su cuenta.

Sin embargo, si tiene el apoyo de un amigo o familiar cercano, eso es aún mejor. Debe hablar con ellos sobre su problema, especialmente si son extrovertidos y no tienen tales problemas. Hacer que las personas cercanas a usted comprendan por lo que está pasando puede ser increíblemente alentador, pero también puede facilitar su vida y su recuperación.

Tampoco debe abstenerse de buscar ayuda profesional de un psiquiatra o terapeuta. Siempre puede programar una sesión al menos como medio de diagnóstico y para tener una conversación. A muchas personas ni siquiera se les ocurre que podrían buscar tal ayuda, mucho menos que podría ayudarles, pero generalmente se equivocan. Los terapeutas pueden ser increíblemente hábiles para llegar a la raíz de sus problemas, y es posible que se sorprenda de la ayuda que pueden brindarle en un corto período de tiempo. Además, es posible que descubra que se percatan rápidamente de cosas que pensaba que nadie entendería jamás.

Con todo, su tiempo ha llegado a su fin de desesperarse y especialmente para dejar de permitir que este trastorno controle su vida y quitarle la alegría. Ahora sabe que no tiene que vivir de esta manera y que solo requiere un poco de esfuerzo y paciencia de su parte. Con una actitud informada y positiva, ¡podría convertirse en una persona completamente nueva!

Fuentes

https://www.psycom.net/social-anxiety-disorder-overview

https://adaa.org/understanding-anxiety/social-anxiety-disorder

https://www.webmd.com/anxiety-panic/guide/mental-health-social-anxiety-disorder#1

https://socialphobia.org/social-anxiety-disorder-definition-symptoms-treatment-therapy-medications-insight-prognosis

https://www.mayoclinic.org/diseases-conditions/social-anxiety-disorder/symptoms-causes/syc-20353561

https://www.youtube.com/watch?v=BcRobzrfc98

https://introvertdear.com/news/anxious-introverts-fears/

https://www.psychologytoday.com/us/blog/the-secret-lives-introverts/201805/15-signs-anxious-introvert

https://www.wisebread.com/7-social-situations-all-introverts-fear

https://www.healthline.com/health/how-to-calm-anxiety#3

https://www.verywellmind.com/managing-panic-disorder-in-public-2584185

https://www.healthline.com/health/mental-health/panic-attacks-in-public#4

https://www.webmd.com/mental-health/features/ways-to-reduce-anxiety

https://verilymag.com/2018/12/signs-of-social-anxiety-social-anxiety-disorder-anxiety-introvert

https://www.youtube.com/watch?v=n5Xsk6vwzYY

https://www.huffpost.com/entry/difference-social-anxiety-introversion_n_5adf5e6de4b07560f3961226

https://www.melbournechildpsychology.com.au/blog/distinguishing-behaviours-the-difference-between-shyness-introversion-and-social-anxiety/

https://www.quietrev.com/the-4-differences-between-introversion-and-social-anxiety/

https://www.promisesbehavioralhealth.com/addiction-recovery-blog/introvert-shy-socially-anxious-whats-the-difference/

https://introvertdear.com/what-is-an-introvert-definition/

https://www.verywellmind.com/signs-you-are-an-introvert-2795427

https://psychcentral.com/blog/treating-social-anxiety-with-meditation-and-mindfulness-training/

https://www.verywellmind.com/meditation-for-social-anxiety-3024211

https://missionbe.org/faq/?gclid=Cj0KCQiAvJXxBRCeARIsAMSkAppB8mkjiygV7Gu4HMMpnF8FK5YnBC81SJpET4pbC7TbR2JtF_U6-L0aAkgPEALw_wcB

https://www.mindful.org/meditation/mindfulness-getting-started/

https://www.alustforlife.com/soul/you-are-alive/10-mindfulness-tips-to-help-you-live-a-more-peaceful-life?gclid=Cj0KCQiApaXxBRDNARIsAGFdaB_N1hDQZTikREC_dw6tnrGUh4hDNxke05cEVuaeSm6sTM0zNVGYXrwaApweEALw_wcB

https://www.youtube.com/watch?v=ld_QpsD0qpk

https://www.mindful.org/mindfulness-how-to-do-it/

https://www.youtube.com/watch?v=xsCxltuzmDI

https://www.youtube.com/watch?v=CjsZfYjaTUQ

https://www.elitedaily.com/p/how-introverts-can-make-small-talk-less-painful-more-meaningful-according-to-experts-8917603

https://www.lifehack.org/articles/lifestyle/7-epic-strategies-for-introverts-by-introverts-to-ignite-your-social-skills.html

https://www.youtube.com/watch?v=Jv_Qjis_ZXo
https://www.youtube.com/watch?v=xIE_w0QLyiE
https://www.youtube.com/watch?v=2yRVP9PHnEE
https://www.wikihow.com/Be-Socially-Confident
https://www.lifehack.org/372358/5-ways-start-building-social-confidence-today
https://thriveglobal.com/stories/comfort-zone-or-complacency-zone-please-stop-scaring-introverts/
https://nationalsocialanxietycenter.com/2018/02/16/overcoming-social-anxiety-choosing-step-outside-comfort-zone/
https://herpaperroute.com/get-out-of-your-comfort-zone/
https://www.psychologytoday.com/intl/blog/cutting-edge-leadership/201405/introversion-5-strategies-pushing-out-your-comfort-zone
https://www.youtube.com/watch?v=3jy-44L7_bo
https://www.youtube.com/watch?v=cmN4xOGkxGo
https://www.health.harvard.edu/blog/do-i-have-anxiety-or-worry-whats-the-difference-2018072314303
https://www.psychologytoday.com/us/blog/the-squeaky-wheel/201603/10-crucial-differences-between-worry-and-anxiety
https://www.verywellmind.com/fear-and-anxiety-differences-and-similarities-2584399
https://www.psychiatry-uk.com/anxiety-explained/
https://www.psychologytoday.com/us/blog/science-choice/201812/anxiety-vs-fear
https://www.goodtherapy.org/blog/psychpedia/trigger
https://www.verywellmind.com/which-situations-trigger-anxiety-3024887
http://overcomingsocialanxiety.com/common-social-anxiety-triggers/
https://www.youtube.com/watch?v=mmPMwYHtoD4
https://www.helpguide.org/articles/anxiety/social-anxiety-disorder.htm
https://lifehacker.com/what-anxiety-actually-does-to-you-and-what-you-can-do-a-1468128356

https://www.psychologytoday.com/us/blog/wander-woman/201507/5-steps-managing-your-emotional-triggers
https://www.inc.com/nate-klemp/try-this-neuroscience-based-technique-to-shift-your-mindset-from-negative-to-positive-in-30-seconds.html
https://www.psychologytoday.com/us/blog/women-s-mental-health-matters/201509/7-ways-deal-negative-thoughts
https://www.verywellmind.com/what-are-negative-automatic-thoughts-3024608
https://www.psychologytoday.com/us/blog/the-mindful-self-express/201708/3-negative-thinking-patterns-avoid-what-do-instead
https://www.psychologytoday.com/intl/blog/fulfillment-any-age/201806/is-social-anxiety-getting-in-the-way-your-relationships
https://psychcentral.com/blog/you-can-stop-social-anxiety-from-ruining-your-relationships/
https://www.psychologytoday.com/intl/blog/fulfillment-any-age/201501/6-ways-get-more-comfortable-others-and-yourself
https://shynesssocialanxiety.com/nervous-around-relatives/
https://www.verywellmind.com/managing-social-anxiety-disorder-at-work-3024812
https://www.anxiety.org/if-social-anxiety-disorder-affects-your-romantic-relationships